Margarete van Marvik

Manche Engel sterben früh

Margarete van Marvik

Manche Engel sterben früh

Bibliografische Information der Deutschen Nationalbibliothek: Die Deutsche Nationalbibliothek verzeichnet diese Publikation in der Deutschen Nationalbibliografie; detaillierte bibliografische Daten sind im Internet über http://dnb.ddb.de abrufbar.

Copyright (2016) Margarete van Marvik

margarete@van-marvik.de www.van-marvik.de

Alle Rechte beim Autor

9,99 Euro (D)

Mein besonderer Dank gilt

für das Lektorat, Korrektur

Alexandra Eryiğit-Klos

www.fast-it.net

Buchcover und Gestaltung

Wolfgang Metz

Manche Engel sterben früh

Fünfzehnter August 1964

Ruth spürt die Kälte, die ihre Muskeln lähmen, nicht. Jegliches Leben ist aus ihren Adern gewichen. Sie fühlt nicht die Nässe in ihrer Kleidung, die den gesamten Körper erzittern lässt. Sie schaut ins Leere – in ein tiefes schwarzes Loch.

Ihr Gesicht ist geschwollen von den vielen Tränen der Ratlosigkeit. Das Tagebuch ihrer kleinen Schwester hält sie, eingewickelt in eine Plastiktüte, so fest in ihrer Hand, dass die Knöchel an ihren Fingern weiß hervortreten. Sie fühlt sich ausgebrannt und murmelt immerzu: „Hätte ich die Tragödie wirklich verhindern können? Bin ich alleine schuld an ihrem Tod?"

Erneut wird sie von einem Weinkrampf geschüttelt. Sie fühlt sich schuldig, schuldig am Tod ihrer kleinen Schwester.

Die vorbeilaufenden Menschen sehen mitleidvoll auf die junge zierliche rothaarige Frau mit dem Pagenkopf.

Ruth sitzt zusammengesackt auf einer Bank, unmittelbar an dem Tor zum Friedhofsgelände. Fröstelnd presst sie ihre Arme, die Plastiktüte fest in der rechten Hand haltend, an ihren Körper.

Die verwischte Schminke läuft in schwarzer und hellblauer Farbe von ihren Wimpern an ihren Wangen herunter. Geistesabwesend wischt sie die verlaufene Farbe mit dem linken nassen Ärmel ihrer hellen leichten Jacke aus dem Gesicht. Die tröstenden Worte einer fremden Frau, die neben ihr stehen geblieben ist, hört sie nicht. Alles um sie herum wirkt beklagenswert und öde. Selbst der Himmel mit seinen tief hängenden Wolken scheint in diesem Moment ihrer Trauer und ihrer Hilflosigkeit zuzustimmen.

Nichts, aber auch gar nichts spürt sie von dem warmen Sommerregen am fünfzehnten August 1964, ihrem Lieblingsmonat.

Ruth ist abgetaucht in die Vergangenheit, in einen Abschnitt ihres jungen Lebens, den sie so gerne hinter sich gelassen hätte. Mit brachialer Gewalt, wie ein Bumerang, kommt ihre Kindheit zu ihr zurück. Der warme Sommerregen, der unaufhaltsam an ihrer leichten Sommerjacke herunterprasselt, stört sie nicht. In Gedanken reist sie zurück in ihre Kindheit.

Rückblick

Ruth ist am achtzehnten Juli 1943 in Heidelberg geboren und es sind nur noch zehn Tage bis zu ihrem siebten Geburtstag. Ihren richtigen Vater kennt sie nicht; er ist vor ihrer Geburt im Krieg gefallen. Ihren Stiefvater himmelt sie an, denn er ist groß, blond und stark.

Der 8. Juli 1950 ist ein wundervoller warmer

Sommertag. Ruth freut sich auf diesen Nachmittag, denn sie wird mit ihrem Papa ins Schwimmbad gehen. Seit vier Wochen streicht sie jeden Abend auf ihrem eigens hierfür gebastelten Kalender einen Tag ab.

Den heutigen und letzten Tag des Wartens hat sie mit einem ganz dicken schwarzen Stift durchgestrichen. Ihre Badesachen sind schon seit Tagen gepackt, sodass sie die Tasche nur noch greifen muss.

Ruth ist ein aufgewecktes und fröhliches Mädchen. Ihre roten, leicht welligen Haare, die sie schulterlang trägt, lassen sie wie einen kleinen Engel erscheinen. Aus ihren grünen Augen sprüht der pure Schabernack.

An diesem Tag stürmt Ruth in die Wohnküche; sie will direkt in Papas Arme fliegen, da … Jäh bleibt sie an der Türschwelle stehen, als sie erkennt, dass er nicht wie sonst in der Küche steht, wenn sie sich etwas vorgenommen haben.

Eine beklemmende Stille breitet sich im Raum aus. Zum ersten Mal hört sie das laute Ticken der uralten Küchenuhr, die sie überhaupt nicht leiden mag. Zutiefst enttäuscht, dass sie ihrem Dad nicht in die Arme fliegen kann, sieht sie sich wütend um und spricht trotzig mit sich selbst: „Er ist nicht da!" Anklagend zieht sie ihre Schultern nach oben und lässt sie mit einem Ruck wieder nach unten fallen. Ihre gute Laune ist dahin und zornig ruft sie: „Dad, wo bist du? Sag doch etwas! Hast du vergessen, dass wir heute schwimmen gehen wollen?" Demonstrativ steht sie in der Küche und wartet mit verschränkten Armen auf eine Antwort.

Doch nicht ihr Dad antwortet – nein – ein Babygeschrei aus dem angrenzenden Schlafzimmer dringt unüberhörbar zur Küche herüber.

Kritisch sieht sie sich um und hält die Luft an. *Habe ich richtig gehört?,* denkt sie verstört. Skeptisch legt sie den Kopf zur Seite und geht, einen Fuß vor den anderen setzend, in Richtung Schlafzimmer. Die Tür ist nur angelehnt; leise tastet sie sich näher heran und schiebt die Tür einen Spalt auf. Was sie sieht, raubt ihr den Atem!

Mit aufgerissenen Augen und offenem Mund geht sie, mechanisch von einer unsichtbaren Hand gezogen, auf das Bett ihrer Mutter zu. In diesem Augenblick versteht und registriert sie in ihrem kleinen Kopf, wer ihren schönen Sommertag im Schwimmbad mit ihrem Dad zerstört hat.

Es ist das Baby im Arm ihres Vaters!

Wie vom Blitz getroffen starrt sie auf dieses schreiende Etwas in Papas Armen. Immer noch geschockt fragt sie ihren Vater stotternd: „W-wann gehen wir ins Schwimmbad? D-du hast doch versprochen, heute mit mir schwimmen zu gehen!" Ihr Dad hört ihre Frage jedoch gar nicht, er ist völlig hin und weg vom Anblick seines Kindes.

Stattdessen ruft die Mutter ihr zu: „Sieh mal, das ist deine kleine Schwester; willst du sie nicht auf

unserer Welt willkommen heißen?" *Willkommen heißen?!* Widerwillig bewegt sich Ruth einen Schritt vorwärts zum Bett ihrer Mutter und muss zusehen, wie ihr Dad mit verklärtem Blick das Baby umschlungen hält. Verständnislos wandert ihr Blick zu ihrer Mutter, dann zu ihrem Vater und zuletzt zu dem Baby. Ruth fühlt sich restlos verraten von ihrem Dad, der wegen eines Babys die gemeinsame Verabredung hat platzen lassen.
Und was soll an diesem hässlichen Etwas mit knallrotem Kopf gefälligst schön sein?, geht es ihr durch den Kopf. *Außerdem sind da, wo die Augen sein sollen, nur eitrige Schlitze zu sehen. Und sabbern tut die auch noch – igittigitt!*

Völlig aufgebracht, dass man ihr einfach so eine Schwester präsentiert, verschränkt sie trotzig die Arme. Um ihrer Empörung Nachdruck zu verleihen, stampft sie mit ihren kleinen Füßen mit aller Kraft auf den Boden.

Die Gedanken in Ruths kleinem Gehirn wirbeln wild durcheinander. *Ich will doch gar keine Schwester; ich bin glücklich so, wie es ist, und das soll sich auch nicht ändern!*

Mit gewaltiger Wucht wird ihr plötzlich klar, dass der kleine Störenfried ihr Leben verändern wird. Verzweifelt schreit sie: „Was ist auf einmal los mit euch, warum habt ihr mir nichts davon gesagt? Was habe ich falsch gemacht? Ihr wollt mich nicht mehr, deshalb habt ihr euch noch ein Baby gemacht, gebt es zu! Wir haben bisher doch so viel Spaß gehabt, auch ohne das Baby! Was habe ich euch denn getan?"

Ruth schluchzt vor innerer Zerrissenheit laut auf. Sie versteht ihre Eltern nicht mehr und glaubt mit einem Mal zu wissen, dass sie nicht mehr der Liebling ihres Vaters sein wird.

Sichtlich beherrscht zischt ihre Mama, die nun ebenfalls zornig geworden ist und offensichtlich kein Verständnis für Ruths seelischen Ausbruch hat, zurück: „Das verstehst du nicht Ruth, dafür bist du noch viel zu klein. Christin ist jetzt deine kleine Schwester. – Basta! – Keine Widerrede mehr, geh auf dein Zimmer."

Vor lauter Zorn und Hilflosigkeit rennt Ruth weinend aus dem Schlafzimmer. Chaotische Gedanken schlagen in ihrem winzigen Kopf Purzelbäume und sie fragt sich immerzu: *Was habe ich falsch gemacht? Warum wollen die plötzlich ein anderes Baby haben? Bin ich nicht mehr hübsch genug? Genüge ich ihnen nicht mehr zum Liebhaben? Warum haben sie mir nicht gesagt, dass Mama ein Baby im Bauch hat?*

Ruths Geburtstag

Ruth erholt sich relativ schnell von ihrem ersten Schock. Seit ihre Schwester Christin auf der Welt ist, verbringt sie die meisten Tage bei ihrer Freundin

Silke. Gemeinsam planen sie Ruths Geburtstagsparty, so wie jedes Jahr. Ruth wird ihren siebten Geburtstag feiern und freut sich auf die Einschulung Ende August. Letztes Jahr war sie durch eine Lungenentzündung ans Bett gefesselt gewesen. Die Einschulung ist daraufhin auf dieses Jahr verschoben worden. Darüber ist sie sehr traurig und enttäuscht gewesen.

Die Tage bis zu ihrem Geburtstag vergehen wie im Flug. Ruth glaubt ganz fest daran, dass ihre gemeinsame Mutter Gudrun, wie in den Jahren zuvor, die Feier ausrichten wird. Traurig ist sie allerdings, dass ihr Vater an ihrem Ehrentag keine Zeit für sie haben wird. Zwei Tage zuvor hat sie noch auf seinem Schoß gesessen, als er ihr entschuldigend erklärt hat: „Weißt du, als Polizist darf ich nicht einfach meinen Dienstplan ändern, außerdem muss ich Sonderschichten einlegen, damit ich euch ernähren kann, und überdies wollen wir doch aus diesem Loch hier raus. Das geht nur, wenn wir genügend Geld gespart haben. Du weißt, deine kleine Schwester Christin braucht noch zusätzlich Windeln, Milch und vieles mehr. Das muss alles erst verdient werden.

Es tut mir leid, meine Große, aber es geht wirklich nicht. Ich verspreche dir aber ganz fest, gemeinsam mit dir und deiner Freundin Silke ins Kino zu gehen. Es läuft gerade dein Lieblingsfilm *Das doppelte Lottchen*." Ruth nimmt an diesem Abend die Erklärung ihres Vaters mit Enttäuschung hin;

innerlich kocht sie vor Wut und grummelt in sich hinein: *Schon wieder steht die blöde Schwester dazwischen. Wegen ihr gibt es schon seit Tagen nur Margarine mit Zucker auf dem Brot oder Brotsuppe mit dem Rest der übrig gebliebenen Milch. Oh Mann, wie sehr ich das hasse, und das alles nur wegen der blöden Schwester.*

Ruth schiebt ihre Rachegedanken, die sie gerade übermannen, zur Seite und versucht sich auf den Kinobesuch zu freuen. Es ist für sie und ihre Freundin eine Seltenheit, einen Film auf so einer großen Leinwand zu sehen, denn einen Fernseher besitzen sie nicht, lediglich ein altes Radio.

Neugierig springt sie an diesem für sie so wichtigen Geburtstag aus ihrem Bett. Gut gelaunt zieht sie ihren dunkelblauen Trägerrock mit der weißen Rüschenbluse an. Diese Farbkombination mag sie gern, es passt gut zu ihren roten Haaren. Kindlich dreht sie sich vor dem Spiegel um die eigene Achse. Sie ist zufrieden mit dem, was sie sieht. Ruth lächelt ihrem Spiegelbild zu und flüstert: „Heute bin **ich** etwas Besonderes und nicht meine blöde Schwester Christin."

Vor einigen Tagen hat sie im Traum ihr buntes Fahrrad vor ihrem Bett stehen sehen. Sie war restlos enttäuscht, dass es nur eine Illusion gewesen ist.

Ihrer Mutter hatte sie das bunte Fahrrad im Fahrradladen Schiller auf dem Weg zum Einkaufen gezeigt. Es ist ein wunderschönes gebrauchtes Rad, mit knallgelbem Sattel, gelben Schutzblechen und gelber Klingel. Der Rahmen ist blau-weiß gestrichen. Ruth hat sich restlos in dieses Rad im Schaufenster verliebt. Sie nutzt jede Möglichkeit, der Mutter zu erklären, warum sie sich dieses Vehikel so sehr wünscht. Einen Schulbus gibt es noch nicht. Ruth erschaudert schon allein bei dem Gedanken, bei Hitze, Regen oder Schnee den langen Schulweg mit einer schweren Schultasche laufen zu müssen.

Mit gemischten Gefühlen geht sie in die Wohnküche. Ihre Mutter ist bereits damit beschäftigt, Christin zu wickeln. Sie scheint ziemlich genervt zu sein, dass Ruth mit schleichendem Schritt die Küche betritt.

Argwöhnisch setzt sich Ruth an den Tisch und stützt ihren kleinen roten Lockenkopf mit ihren Händen ab. Mit den Augen sucht sie in der Küche nach dem Fahrrad; es steht aber kein Rad im Raum! Es ist mucksmäuschenstill, sodass sie überdimensional die verhasste alte Küchenuhr ticken hört. Mit bösem Blick sieht sie dem gigantisch großen Zeiger, der wie ein riesiges Zeitmonster unaufhaltsam Minute für Minute weiterläuft, zu. Es vergehen zwanzig Minuten und ihre Mutter macht noch immer keinerlei Anstalten, ihr zum Geburtstag zu gratulieren. Ruth schließt fest ihre Augen und wünscht sich inbrünstig, dass ein wohlwollender Geist ihr gewünschtes buntes Fahrrad mit dem knallgelben Sattel vor ihr abgestellt hat. Nach dieser inständigen Bitte öffnet sie vorsichtig ihre Augen und ist schrecklich enttäuscht.

Nichts – einfach nichts – passiert in diesen Minuten – kein Fahrrad – kein Kuss – keine Umarmung – kein liebes Wort – einfach nichts!

Ruth starrt unentwegt mit ihren stechenden grünen Augen ihre Mutter an, die mit der kleinen Monsterschwester beschäftigt ist.

Sie spürt, wie ihre kleine Kehle auszutrocknen droht. Sie wagt nicht nach Luft zu schnappen; unruhig rutscht sie mit ihrem Po auf dem Küchenstuhl hin und her. Sie fühlt, wie der Zorn in ihrem Bauch Richtung Kopf krabbelt. Sie spürt, wie die Glut der Wut ihren roten Schopf erreicht. Angst macht sich in ihr breit, als eine Stimme in ihrem Kopf flüstert: „Gleich fängst du an zu brennen, du hast einen knallroten Kopf, die Farbe in deinem Gesicht ist kaum von deinen Haaren zu unterscheiden. Wenn du nicht aufpasst, bringt dein Zorn deinen kleinen hübschen Kopf mit einem Donnerknall zum Platzen."

Schonungslos muss Ruth zusehen, wie die gemeinsame Mutter Christin knuddelt und abknutscht und wiederholt voller Entzückung wispert: „Ach, was bist du doch für ein kleiner süßer blonder Engel."

Es trifft sie wie ein Hammerschlag, dass Mama tatsächlich ihren so wichtigen Tag ignoriert. Sie ist zutiefst verzweifelt.

Ihre Gedanken kreisen in ihrem schönen Kopf wild durcheinander: *Bin ich zu einem Geist geworden? Sieht sie mich nicht am Küchentisch sitzen?* Heimlich zwickt sie sich selbst, um auszukundschaften, ob sie noch lebendig ist. Die Spannung in ihrem kleinen Körper zerreißt ihr Herz und sie kann diesen emotionalen Stress nicht länger ertragen. Mit unbändiger Kraft stößt sie den Stuhl, auf dem sie sitzt, zur Seite. Es kracht so heftig, dass Christin anfängt zu schreien. Ruth ist es in diesem Augenblick völlig egal. Die abscheuliche Erfahrung der Missachtung durch ihre Mutter reißt ihr das Herz aus dem Körper. Schlagartig auftretende Bauchschmerzen lassen sie erschaudern. Ihr kleiner Brustkorb zieht sich zusammen, sie atmet schwer und glaubt ersticken zu müssen. Kleine bunte Kreise tanzen vor ihren Augen und wieder flüstert eine Stimme in ihrem Kopf: „Das tut dir richtig weh, so unendlich weh." Tränen kullern wie ein kleiner Wasserfall aus ihren katzengrünen schmalen Augen. Sie schreit ihren unsäglichen Zorn, den sie in diesen Moment fühlt und körperlich spürt, aus sich heraus: „Weißt du denn nicht, was für ein besonderer Tag heute für mich ist? Hä, weißt du's wirklich nicht? Es ist mein Geburtstag!" Bestürzt und mit unbeschreiblichem Hass kommen diese Worte aus Ruths kleinem Mund.

Nach diesem Gefühlsausbruch brennen ihre Hände so stark, als fasse sie ins offene Feuer. Ruth muss hilflos zusehen, wie an ihren Handoberflächen lauter kleine Pusteln entstehen, die anschließend zu eitern anfangen. Die Ärzte finden keine Erklärung für diese eitrigen Ausbrüche, die sich seit diesem Zeitpunkt wiederholen. Nach solchen Anfällen muss sie wochenlang Handschuhe tragen.

Ruth geht einen Schritt auf ihre herzlose Mutter zu und trommelt mit ihren zu Fäusten geballten kleinen Händen auf sie ein.

Die Mutter reagiert erbost und stößt sie ohne vorherige Warnung mit einer derartigen Wucht von sich, dass sie stolpert und unsanft auf dem Fußboden landet.

Augenblicklich wird es ruhig in der Küche, selbst das Baby hat das Schreien eingestellt. Wäre in diesem Moment eine Stecknadel auf den Boden gefallen, Ruth hätte sie gehört.

Perplex und fassungslos sieht sie ihre Mutter an, nicht fähig, auch nur ein Wort zu erwidern; sogar das Schluchzen bleibt ihr im wahrsten Sinne des Wortes im Halse stecken.

Die gemeinsame Mutter reagiert völlig emotionslos auf Ruths Wutanfall. Sie wendet sich wieder Christin zu und belehrt unterdessen Ruth tonlos: „Mein Kind, hast du immer noch nicht begriffen, dass ich momentan andere Sorgen habe, als an deinen blöden Geburtstag zu denken! Außerdem benötigen wir das Geld für das Baby und eine neue Wohnung. Das hat dir dein Vater doch vor ein paar Tagen erklärt. Hast du das etwa schon vergessen?"

Mit offenem Mund und weit aufgerissenen Augen prasseln diese herzlosen Worte auf Ruth nieder.

Instinktiv duckt sie sich, wie ein verdroschener Hund.

Die gefühllose Reaktion ihrer Mutter reißt Ruth regelrecht den Boden unter den Füßen weg, die in ihren grellen gelben Socken stecken und die sie passend zu ihren Schuhen und in Erwartung des Fahrrades angezogen hat.

Wieder meldet sich die Stimme in ihrem Kopf und plappert unaufhörlich auf sie ein: „Was hast du nur getan, dass sie so sauer auf dich ist? Wieso hasst sie dich auf einmal so, dass sie dir nicht mal an deinem Geburtstag in den Arm nimmt?",

Diese Gedanken bohren wie eine rotierende Bohrmaschine in ihrem Kopf.

Weinend rennt sie aus der Küche, knallt die Tür hinter sich zu und stürmt mit unsäglichem Zorn im Bauch die Treppen herunter, direkt auf die Straße.

Dort setzt sie sich, wie schon so viele Male in letzter Zeit, auf den Stufenabsatz vor den Hauseingang, während ihre Gedanken unaufhörlich weiterkreisen. *Oh, wie sehr ich Christin hasse! Die ist an allem schuld! Wegen der wollen die mich nicht mehr haben! Ich bin denen doch nur noch lästig. Vielleicht sollte ich dieses abscheuliche Baby aus dem Fenster werfen oder lieber im Klo runterspülen. Besser ich gehe weg von hier. Was soll ich denn noch hier? Die werden nicht einmal merken, wenn ich fort bin."*

Zusammengekauert sitzt sie auf dem Treppenabsatz vor dem Haus und betrachtet verzweifelt den uralten Baum auf der gegenüberliegenden Straßenseite. Traurig flüstert sie ihm zu: „Du lieber, armer Baum, du bist genauso traurig und einsam wie ich, weil niemand auf dir herumklettern will. Mich will auch niemand mehr haben."

Um ihre Gefühle in den Griff zu bekommen, holt sie ihren bunten Peitschenkreisel aus der Tasche und peitscht verbissen auf den Kreisel ein. Dieser hüpft hin und her, sodass die bunten Farben immer schneller ineinanderlaufen. Ruth schwingt die kleine Peitsche schneller und schneller, als sei sie von Dämonenhand geführt.

Ihre unsägliche Enttäuschung, die Ohnmacht ihrer Hilflosigkeit und die Wut, die sich in ihr aufgestaut hat, all das überträgt sie auf den Kreisel.

Derart vertieft in ihrem Kreiselspiel hört sie nicht ihre Freundin Silke kommen. Silke ist ein Jahr jünger als sie und wohnt auf der anderen Straßenseite in einem Dreifamilienhaus. Silke ist fast einen Kopf größer als Ruth, dafür ein bisschen kräftiger in der Statur. Sie trägt ihre langen braunen Haare immer zu Zöpfen gebunden. Das deutlich gerötete und leicht rundliche Gesicht passt zu ihrer kleinen Augenform und ihren langen Zöpfen. Sie hat Silke direkt nach ihrem Zuzug nach Durlach kennengelernt, seitdem ist sie ihre beste Freundin.

Silke rüttelt Ruth an den Schultern. Sie erschrickt, ihre Freundin weinend und geistesabwesend mit ihrer Kreiselpeitsche in der Hand zu sehen.

Sie ist gekommen, um ihr zum Geburtstag zu gratulieren.

Silke bleibt stumm und nimmt Ruth tröstend in die Arme.

Schluchzend und empört, sich ständig an den Händen kratzend, stottert Ruth immer noch fassungslos vor sich hin: „Es gibt heute keine Geburtstagsparty; meine Mutter will mich nicht mehr haben, sie hat einen neuen Liebling, meinen Geburtstag hat sie extra vergessen."

Stillschweigend und zutiefst erzürnt nimmt Silke Ruths Hand und zieht sie mit sich. Wortlos trippeln sie in Silkes Zimmer. Frau Mahler, Silkes Mutter, sieht fragend ihre Tochter an. Silke antwortet mit einem Schulterzucken.

Am Nachmittag, als Ruth sich ein bisschen beruhigt hat, erfährt Frau Mahler die traurige Geburtstagsgeschichte. Sie ist entsetzt und zornig über so viel Gefühlskälte und organisiert schnell Kuchen und Kakao, um Ruths Ehrentag gebührend zu feiern.

Es ist eine traurige Feier; Ruth und Silke kauen lustlos auf dem Kuchen herum. Jede ist mit ihren Gedanken auf einem anderen Schauplatz.

Alle Versuche, die beiden Mädels aufzumuntern, scheitern. Erst am Abend bringt Frau Mahler Ruth auf die andere Straßenseite bis vor die Wohnungstür.

Bestürzt stellt Ruth fest, dass sie nicht vermisst wird. Leise und geduckt, wie ein geschlagener Hund, schleicht sie in ihr Zimmer, welches sie in naher Zukunft mit ihrer verhassten Schwester wird teilen müssen. Ihr Vater ist immer noch nicht nach Hause gekommen. Tränen schießen erneut in ihre Augen.

Verdrossen sieht sie sich in ihrem kleinen Zimmer um und fragt sich verzweifelt: *Wo soll denn hier noch ein Schlafplatz hin? Es ist doch sowieso schon so eng. Lediglich ein Schrank und ein Bett finden in diesem Zimmer Platz.* Unter dem kleinen Fenster hat vor einigen Tagen ihr Stiefvater einen Schreibtisch gebaut, damit sie demnächst ihre Schulaufgaben machen kann. Ruth denkt zurück an Heidelberg, das sie vor zwei Jahren für diesen kleinen Vorort von Karlsruhe verlassen musste.

Wegzug aus Heidelberg

Ich wollte überhaupt nicht weg aus Heidelberg, mit aller Macht habe ich mich dagegen gewehrt. So sehr habe ich mir gewünscht, in der Nähe meines Onkels zu bleiben. Onkel Fred, den Bruder meines Vaters, mochte ich sehr. Seine Geschichten liebte ich, die haben mich immer so gut abgelenkt, wenn ich traurig oder wütend gewesen bin. Mit seinen komischen Grimassen hat er mich so oft zum Lachen gebracht. Alles Bitten und Betteln, in Heidelberg bleiben zu können, hat nicht geholfen. Gnadenlos hat der Monstermöbelwagen alle Möbel, auch die aus meinem Zimmer, in seinem riesigen Bauch verschluckt.

Selbst mein Dad ist erbarmungslos geblieben und hat mich mit meinem Kummer allein gelassen.

Jetzt wohnen wir in einem Monsterhaus mit feuchten Wänden. Der Putz bröckelt von der alten Fassade und hat eine grässliche bräunliche Farbe.

Meine Mutter hat entsetzt geschrien: „So eine Ruine! In diesem Nest ist nichts wiederaufgebaut worden!

Hier bekomme ich ja Depressionen!"

Mir selbst haben die Beine geschlottert, so sehr habe ich mich gefürchtet, dieses alte und morsche Haus zu betreten. In der Hauseingangstür fehlt das Glas, es gibt nur noch den Rahmen. Das Treppenhaus empfinde ich wie einen großen schwarzen Müllschlucker, in dem ich jederzeit hineingeworfen werden kann. Nur mit einem sehr beklemmenden Gefühl betrete ich dieses düstere und grässliche Treppenhaus.

Die Angst, dass dieses Loch mit den knarrenden Stufen und dieser grässlichen Tapete alle darin lebenden Menschen fressen könnte, lässt mich bis heute nicht los.

Ruths Zuhause

Ruth schüttelt ihre Gedanken ab und überlegt, ob sie nicht doch noch einmal in die Küche gehen soll. Vor ihrem Zimmer bleibt sie jedoch stehen und betrachtet die Wohnung, in der sie zu Hause ist.

Die Wohnung ist sehr klein und besteht nur aus einer Küche, die gleichzeitig auch als Wohnzimmer dient. Der Wohnraum ist durch eine große alte Ledercouch getrennt. Der Kohlen- und Küchenherd mit dem Kaminrohr steht an der Wand zur Straßenseite. Nur dieser Herd beheizt die gesamte Wohnung. Neben dem Ofen steht die Zinkbadewanne, hier werden die Windeln der Schwester gewaschen. Einmal wöchentlich darf sie in der Wanne baden, aber erst nachdem ihre Eltern gebadet haben. Meist ist das Wasser schon recht kalt. Über dem Kohlenküchenherd hängen die Windeln von Christin auf der Leine. Ein Nierencouchtisch mit einem alten grünen Cocktailsessel in der rechten Ecke füllt diesen ebenfalls dunklen Raum. Auf der gegenüberliegenden Seite ist eine rustikale Essecke untergestellt. Einen Fernseher haben sie noch nicht. Lediglich ein altes Radio dekoriert den kleinen Schrank in der gegenüberliegenden Ecke. Die Stehlampe mit der gelblichen kelchförmigen Lampenverkleidung bringt ein wenig zusätzliches Licht in das trübe Zimmer. Dicke bunte Blümchenübergardinen wärmen im Winter noch zusätzlich die Wohnküche. Das Elternschlafzimmer ist winzig und feucht. Sämtliche Ecken sind mit Utensilien des täglichen Gebrauchs, wie Handtücher, Bettwäsche und Reservedosen, zugestopft. Die Toilette, die mit mehreren Familien geteilt wird, liegt eine halbe Etage tiefer im Treppenhaus.

Ruth wischt die traurigen Bilder mit einer Handbewegung weg und geht wieder zurück in ihr Zimmer.

Diesen, ihren besonderen Tag hat sie sich wahrhaft freundlicher vorgestellt. Sie fühlt sich seit der Geburt ihrer Schwester einsam und allein gelassen. Traurig schläft sie in der darauffolgenden Zeit Abend für Abend ein.

Sie verwindet es nicht, dass ihr Geburtstag einfach weggewischt worden ist.

So als wäre sie nie geboren worden.

Ruth gibt jedoch nicht auf und tröstet sich täglich damit, dass die gemeinsame Mutter es mit ihrer Einschulung wiedergutmachen wird. Dies ist ihr kleiner Hoffnungsschimmer.

Die Einschulung

Die Tage bis zu ihrer Einschulung im September vergehen wie im Flug. Seit dem Tag ihres vergessenen Geburtstages ist sie fast täglich Gast bei ihrer Freundin Silke. Was soll sie auch noch zu Hause? Das Baby schreit den ganzen Tag und die Mutter wird immer launischer.

Ihren Vater sieht sie kaum noch, er legt seit der Geburt von Christin viele zusätzliche Sonderschichten bei der Kripo ein. Ruth fehlt ihr Papa sehr, oft denkt sie an die schöne Zeit, wenn er ihr vor dem Einschlafen Geschichten vorgelesen und sie liebevoll in den Arm genommen hat.

Sie liebt ihren großen blonden Stiefvater; sie vergleicht ihn immer mit dem großen alten Baum auf der gegenüberliegenden Straßenseite. Groß und ganz mächtig.

Oft setzt sie sich unter diesen Baum, der ihr ein guter Freund und stiller Vertrauter geworden ist.

Seit einigen Tagen bereitet Ruth ihr Frühstück selbst zu. Überwiegend geht sie jedoch nach dem Aufstehen zu ihrer Freundin. Nur noch zum Schlafen kommt sie zurück in die Wohnung ihrer Eltern. Ruth glaubt, dass es der Mutter angenehm ist, sie so selten zu sehen.

Der heiß ersehnte Tag der Einschulung rückt näher. Ruths Neugier auf die Schule wächst ins Unermessliche. Inständig hofft sie, eine Schultüte mit

Buntstiften, Radiergummi und Spitzer, so wie ihre Freundin Silke, zu bekommen. Schließlich hat ihre Mutter etwas gutzumachen. Die Schiefertafel und den dazugehörigen Griffel hat ihr Onkel Fred vor einigen Wochen aus Heidelberg geschickt. Einen alten Schulranzen aus abgespecktem Leder hat sie von einer Nachbarin, deren Tochter die Schule bereits abgeschlossen hat, bekommen.

Vor lauter Aufregung kann Ruth in dieser Nacht nicht einschlafen und zählt das Schlagen jeder vollen Stunde der Kirchturmuhr, die am Ende der Straße steht. Um sechs Uhr früh hält sie es nicht mehr aus und schleicht in die Wohnküche.

Sicherlich ist hier meine Schultüte versteckt, hofft sie zuversichtlich und sucht jede kleine Ecke ab. Egal, wo sie nachschaut, ob unter der Couch oder hinter dem Schrank, hinter der Kommode, im Schrank oder in der Toilette, die eine halbe Etage tiefer liegt; sie findet nichts – einfach nichts.

Niedergeschlagen geht sie zurück in ihre kleine Kammer, setzt sich auf ihr Bett und weint leise vor sich hin.

Ihre Gefühle fahren Achterbahn; erst ist sie traurig, anschließend siegt die aufkeimende Wut und sie schlägt unmotiviert auf ihr kleines Kissen ein.

Nach einer gefühlten Ewigkeit beruhigt sie sich und tröstet sich damit, dass ihre Mutter die Tüte bestimmt aus einem der verschlossenen Schränke im Schlafzimmer zaubert.

Um acht Uhr hält sie es in ihrer Kammer nicht mehr aus. Eilig zieht sie ihr Lieblingskleid an und kämmt ihre roten mittellangen lockigen Haare, die heute widerspenstig sind und sich kaum kämmen lassen. Während sie in Richtung Wohnküche läuft, denkt sie, dass die Mutter an diesem besonders wichtigen Tag mit dem Frühstück auf sie warten wird. Sie glaubt ganz fest daran, dass sie gemeinsam zur Einschulung gehen werden.

Gut gelaunt in der Küche angekommen, erkennt sie, dass der Frühstückstisch nicht gedeckt und Mutter nirgends zu sehen ist. Frustriert setzt sie sich an den Tisch und trommelt ungeduldig mit ihren kleinen Fingern auf die Tischplatte. Sie begreift in diesem Augenblick nicht, warum nicht wenigstens ihr heiß geliebter Vater an solch einem wichtigen Tag bei ihr ist. *Bestimmt hat auch das mit meiner Schwester zu tun,* denkt sie bitterböse.

Schmerzlich lenkt Ruth ihre Gedanken in Richtung Küchenuhr, damit sie nicht völlig durchdreht. Die Uhr kann sie schon lesen, darauf ist sie sehr stolz. Jetzt wünscht sie sich, dass es nicht so wäre; gebannt starrt sie auf die übergroßen Zeiger. Der kleine Zeiger bewegt sich erbarmungslos und unaufhörlich weiter, ohne dass ihre Mutter zu sehen ist. Es wird halb zehn und der Minutenzeiger tickt kaltblütig Runde für Runde. Wie mit einem Donnerschlag schlägt die Uhr die zehnte Stunde am Morgen. Entgeistert schaut sie zur Tür und glaubt noch immer, dass ihre Mutter mit einer Schultüte im Arm in die Küche geschwebt kommt.

Doch nichts dergleichen geschieht! Weder wird eine Schultüte aus dem Schrank gezaubert noch taucht ihre Mutter in Sonntagskleidung auf, um sie zur Schule zu begleiten. Ruth wartet geduldig, doch nirgendwo ist etwas von ihr zu sehen oder zu hören.

Ruth spürt, wie es ihr heiß den Rücken herunterläuft und ein unbändiger Zorn in ihr aufsteigt. Ihre Augen verengen sich zu Schlitzen und ihr Kopf läuft von einer Sekunde zur anderen rot an. Sie stampft hart mit ihrem Bein auf den Boden und schreit, was ihre Kehle hergibt. Ruths Hände jucken schon wieder verdächtig und schlagartig erscheinen kleine Bläschen auf dem Handrücken.

Ihre Mutter hört dieses ständige Klopfen auf den Boden und das wütende Geschrei ihrer Tochter.

Entrüstet kommt sie in die Küche gestampft und brüllt Ruth erbost an: „Was ist denn in dich gefahren; merkst du nicht, dass deine kleine Schwester schläft? Willst du sie mit deinem Getrampel und Geschrei etwa aufwecken? Mich hast du schon geweckt, ein paar Stunden Schlaf hätte ich noch gebrauchen können. Deine Schwester hat fast die ganze Nacht geschrien."

Ruth erstarrt bei diesen mürrischen Worten und kann ihre Empörung, ihren Seelenschutz und die bittere Enttäuschung nun nicht mehr für sich behalten. Sie schreit zurück:

„Meine Schwester soll sich zum Teufel scheren, sonst packe ich sie und werfe sie in den Müllschlucker. Vielleicht merkst du dann, dass ich auch noch da bin! Soll ich jetzt etwa von der Schule wegbleiben, wegen der blöden Kuh?! Willst du das wirklich?

Hast du mich gefragt, ob ich überhaupt eine Schwester will?"

Zornestränen laufen Ruth über das gerötete Gesicht, ohne dass sie etwas dagegen tun kann. Ihre Hände sind geschwollen von den vielen Eiterbläschen auf dem Handrücken. Sie muss sich unaufhörlich kratzen. Sie reibt ihre Hände blutig. Sie kann diese Bläschenattacken auf ihrem Handrücken nicht verhindern.

Mit scheinbarer Bestürzung in den Augen und offenem Mund starrt Mutter sie an und fragt erschrocken: „Bist du sicher, dass es heute ist? Hm, das habe ich wohl vergessen."

Ohne ein weiteres tröstendes Wort dreht sie sich um und geht zu dem schreienden Baby. Mit ihrer Schwester auf dem Arm nimmt sie die Jacke vom Haken und befiehlt Ruth, die Schultasche, die verloren in einer Ecke in der Küche steht, an sich zu nehmen.

Schnellen Schrittes laufen sie über die Straße zur Nachbarin Frau Mahler. Unbeherrscht und laut klopft Ruths Mutter an deren Wohnungstür und wartet ungeduldig darauf, dass sich die Tür öffnet. Silkes

Mutter, eine große, korpulente Frau im schicken Kostüm und mit gepflegtem Aussehen, öffnet die Wohnungstür.

Ruths Mutter steht Frau Mahler mit einer speckigen Kittelschürze und ungewaschenen, mittellangen dunkelbraunen Haaren, die mit Lockenwicklern zusammengehalten werden, gegenüber. Ruth sieht betroffen zu Boden; die Situation ist ihr peinlich und sie schämt sich für die Aufmachung ihrer Mutter. In diesem Augenblick wünscht sie sich, dass unter ihren Füßen ein großes Loch aufgeht und sie mit Haut und Haaren verschlingt.

Mit süffisantem Lächeln auf den Lippen fragt Ruths Mutter Frau Mahler: „Könnten Sie meine Tochter mit zur Einschulung nehmen? Ich schaffe es nicht, Sie sehen ja, ich habe das Baby im Arm und mein kleiner Engel hört einfach nicht auf zu schreien!"

Ruth ist diese Situation sehr unangenehm und sie fühlt sich in ihrer Haut nicht wohl. Nach einer peinlichen Schweigeminute fragt Silkes Mutter: „Wo haben Sie denn Ruths Schultüte gelassen?" Erstaunt erwidert Ruths Mutter: „Welche Schultüte? Ach ja, die Wundertüte mit Überraschungen. Oh, die habe ich glatt vergessen zu besorgen; es ist halt schwierig mit noch einem Baby", schiebt sie noch entschuldigend hinterher.

Frau Mahler ist entsetzt über diese gefühllose Frau; sie atmet tief durch, bevor sie erwidert:

„Gut, Silke, teilt die Tüte mit Ihrer Tochter, schließlich sind sie ja Freundinnen." Hastig zieht Frau Mahler Ruth in die Wohnung und schließt die Tür hinter sich. Sie atmet einmal tief durch und schüttelt ihren Kopf, als sie leise vor sich hin murmelt: „Was für eine fürchterliche Mutter!"

Ruth ist ebenso sprachlos und diese Sprachlosigkeit nimmt ihr die Luft zum Atmen. Erneut bricht ihre kleine Welt zusammen. Sie kann die Tränen der Bitterkeit nicht zurückhalten. Silke nimmt ihre Freundin stillschweigend in den Arm, aber sie kann sie nicht trösten. Ruth hat in kürzester Zeit die zweite seelische Ohrfeige durch ihre Mutter erhalten. Ihr kleiner hübscher Kopf kann nicht begreifen, warum Mutter ihr gegenüber plötzlich so herzlos ist.

Ruth versteht auch nicht, warum ihr Vater sie an solch einem für sie so wichtigen Tag nicht unterstützt.

Bis vor einigen wenigen Wochen war sie doch noch sein Liebling.

Sie begreift diesen Wandel nicht und gibt sich die Schuld an der plötzlichen Herzlosigkeit ihrer Eltern.

Laut schluchzt sie auf und nuschelt: „Nicht einmal eine Schultüte bin ich mehr wert."

Hilflos und wütend zugleich saust Ruth aus der Wohnung ihrer Freundin. Diese soll nicht sehen, wie ihre Gefühle Achterbahn fahren. Sie setzt sich vor die

Haustür und schaut starr auf den Asphalt der Straße. Frau Mahler folgt ihr und legt tröstend die Hand auf Ruths Schulter. Aufmunternd sagt sie zu ihr: „Komm, kleine Ruth, wir gehen jetzt gemeinsam zur Einschulung und feiern anschließend eine kleine Party. Du wirst sehen, wie schnell die Jahre vorüberziehen, und wenn du erst einmal erwachsen bist, dann wirst du darüber lachen. Ganz bestimmt."

Bittere Worte

Lieblos gelebte Jahre ziehen vorüber und Ruth kann ihrer Mutter nicht verzeihen, dass sie die Einschulung, die ihr so wichtig war, vergessen hat. Es wird nie wieder, auch nicht ansatzweise darüber gesprochen. Ruth leidet seit dem Tag der Geburt Christins an Liebesentzug und fühlt sich fremd in dieser Familie. An ihrem zehnten Geburtstag stellt sie ihre Mutter zur Rede. „Sag mal, warum behandelst du mich wie eine Magd und nicht wie dein Kind?" Kaum hat Ruth diese Frage ausgesprochen, da bereut sie es auch schon sie gestellt zu haben; sie ahnt bereits, dass ihr die Antwort der Mutter nicht guttun wird. Ihre Mutter sieht sie entgeistert an, so als habe sie die Frage nicht verstanden. Nach einer kurzen Gedankenpause holt sie tief Luft und antwortet erst leise, dann immer lauter, bis die Sätze schließlich hysterisch aus ihr herausgepresst kommen: „Ich wollte dich nicht, du warst ein Kind der Sünde und ich war noch viel zu jung. Geheiratet habe ich einen Offizier, den ich kaum gekannt habe. Es ist die Hoffnung gewesen, durch die Heirat ein erträglicheres Leben zu führen.

Doch als er seinen Sonderurlaub bei mir verbracht hat, wurde ich schwanger. Als er ging, kam er nicht mehr aus dem Krieg zurück. Die Monate der Schwangerschaft musste ich alleine durchstehen. Damals, als du noch in meinem warmen Körper warst, wollte ich dich unbedingt haushaben. Doch du, du hattest einfach noch keine Lust, geboren zu werden. Dann musste ich dich mit aller Gewalt herauspressen und du kamst mit dem Hintern zuerst in diese Scheißwelt.

Du hast mir dabei den Unterleib aufgerissen und das kann und will ich dir nicht verzeihen.

Hätte ich deinen Stiefvater nicht nach deiner Geburt kennengelernt, würdest du wahrscheinlich heute in einem der Trümmerhaufen stecken."

Ruth erstarrt bei diesen eisig gesprochenen Worten und weicht langsam Schritt für Schritt zurück. Die hasserfüllten Augen ihrer Mutter wird sie wohl nie vergessen können.

Stillschweigend dreht sich Ruth um und stolpert fassungslos aus der Wohnung.

Mit diesen brutalen Worten ihrer Mutter im Kopf fängt Ruth an, sich fast täglich zu ritzen. Auf dieses

Weise hofft sie, Abbitte gegenüber ihrer Mutter zu tun. Sie fühlt sich verraten, ungewollt, ungeliebt.

Einige Tage nach diesem folgeschweren Gespräch wird Ruth unter Androhung von Schlägen gezwungen, Käseecken, die nicht mehr verkauft werden dürfen, in dem Einkaufsladen am Ende der Straße zu erbetteln.

Ruth schreit die gemeinsame Mutter an: „Warum soll ich das tun? Papa arbeitet doch schon Tag und Nacht! Haben wir etwa nicht genug zum Leben, sodass ich betteln gehen muss?" Für Ruth ist diese Aufforderung eine weitere fatale Demütigung. Ihre Mutter antwortet darauf wütend: „Papa gibt mir zu wenig Haushaltsgeld für die Woche, damit kommen wir nun mal nicht aus. Du weißt, dass Engelchen Christin viel an zusätzlicher Nahrung braucht. Außerdem spart Papa für eine neue Wohnung, damit wir aus diesem Loch hier rauskommen. Jetzt geh schon", befiehlt sie und schiebt Ruth unsanft aus der Wohnungstür.

Fast eine Stunde geht sie vor dem Krämerladen auf und ab; sie kann sich nicht überwinden, diesen zu betreten. Kurz bevor der Laden schließt, fordert die Inhaberin, eine Frau mittleren Alters, Ruth auf, einzutreten. Stillschweigend und mit gesenktem Kopf betritt sie den Laden. Sie schämt sich so sehr; sie spürt, wie sie rot anläuft, und sie glaubt, ihr Gesicht sei jetzt so rot wie ihre Haare. Wohlwollend steckt ihr die Ladeninhaberin die Tüte mit den Käseresten zu. Sie sieht Ruth freundlich an und sagt tröstende Worte:

„Kind, das muss dir nicht peinlich sein; es kommt schon mal vor, dass es mit dem Haushaltsgeld eng wird. Komm, nimm die Tüte, und ich verspreche dir, keinem etwas davon zu erzählen. Denk doch mal nach, es ist sicherlich besser, jemandem diese Käseecken zu schenken, als sie in den Müll zu werfen."

Hastig greift Ruth die Tüte, ohne ihren Kopf zu heben, ein Dankeschön murmelnd. Wie von einer Tarantel gestochen rennt sie mit dem Käse in der linken Hand aus dem Laden. Nach dieser peinlichen Erfahrung flucht sie vor sich hin. Sie findet keinen Weg, ihren unbändigen Zorn zu zügeln.

Seit diesem Erlebnis kommt sie nie wieder der Aufforderung nach, Käseecken zu erbetteln. Vielmehr schmiedet sie Pläne, wie sie ihrer Mutter die ständigen Demütigungen heimzahlen kann.

Der innere Groll macht sie widerspenstig. So trotzt sie ihrer gemeinsamen Mutter, indem sie genau das Gegenteil von dem tut, was sie tun soll.

Oft bekommt sie dafür Hausarrest oder das wöchentliche Taschengeld von fünfzig Pfennig wird gestrichen. Ruth ist das komplett egal. Sie glaubt, dass sie nur durch ihr bockiges Verhalten den persönlichen Demütigungen ihrer Mutter entgehen kann.

Christin ist inzwischen drei Jahre alt. Jeder Wunsch wird ihr von den Augen abgelesen. Für ihre Eltern, hauptsächlich für ihre Mutter, ist Christin der kleine Engel mit langen blonden Locken und blauen

Augen. Ihre blonden Haare und die stahlblauen Augen hat sie von ihrem Vater geerbt.

Ruth hingegen glaubt, mit ihren roten Haaren und der blassen Haut klein und unscheinbar gegenüber ihrer Schwester zu wirken.

Seit zweieinhalb Jahren teilt Ruth das kleine Zimmer mit ihr. Christin piesackt sie, indem sie absichtlich ihre Schulsachen versteckt oder ihre Schulhefte zerreißt. Wenn sie sich bei ihrer Mutter beschwert, bekommt sie obendrein noch Schimpfe und Hausarrest.

Ihre kleine Schwester freut sich tierisch darüber und es bereitet ihr großen Spaß, immer im Mittelpunkt zu stehen. Je älter Christin wird, umso mehr kränkelt ihre Mutter. Ruth übernimmt nach und nach die Mutterrolle gegenüber ihrer verhassten Schwester. Sie schafft es zeitlich kaum noch, ihre Freundin Silke zu treffen. Darüber sind beide sehr unglücklich und wütend.

Die Schulzeit

Im Laufe der Jahre entwickelt sich Ruth zu einer zierlichen, rothaarigen Schönheit. Ihre katzengrünen Augen schauen melancholisch in die Welt. Ihre Haare trägt sie seit einiger Zeit Kinn lang mit geradem Pony, der bis zu ihren Augenbrauen reicht. Die Jungs aus ihrer Klasse umschwärmen Ruth. Sie nennen sie heimlich „die Unnahbare".

Sie ignoriert die bewundernden Blicke und will mit den Jungs nichts zu tun haben.

Nein, es schmeichelt ihr nicht einmal, denn sie weiß auch, wenn sie nicht pünktlich nach der Schule nach Hause kommt, ist der Ärger vorprogrammiert.

Das wissen aber die Jungs, die sie umschwärmen, nicht. Silke hat die gemeinsame Schule nach der vierten Klasse verlassen und geht jetzt auf eine weiterführende Schule. Ruth hat keinen Menschen mehr, dem sie sich anvertrauen kann, und wird zur absoluten Außenseiterin.

Sie zieht sich mehr und mehr in ihr Schneckenhaus zurück. Auf dem Nachhauseweg versperren ihr die Jungs ihrer Klasse den Weg und lassen sie erst durch, wenn sie das Wegegeld von zehn bis fünfzig Pfennig bezahlt hat.

Dann grölen die Kerle ihr hinterher: „Feuerlöscher, lösch mich."

Die Jungs sehen es als Vergeltung dafür, dass sie sich für keinen der Kerle aus ihrer Klasse interessiert.

Alle Wetten, die sie untereinander abschließen, verlaufen im wahrsten Sinne des Wortes im Sand. Das ärgert die Jungs ungemein und sie fühlen sich in ihrem Ego verletzt und schreien dafür nach Rache.

Nur in der Nacht, wenn auch Christin schläft, findet Ruth Ruhe und kann dem Alltag entfliehen.

Unter ihrem Kopfkissen verbirgt sie eine kleine Taschenlampe, die sie von Silke zu ihrem elften Geburtstag geschenkt bekommen hat. Wenn die Schwester schläft, holt sie die kleine Lampe und eines ihrer Lieblingsbücher unter der Matratze hervor und fängt an zu lesen.

Die Taschenlampe hält sie mit ihrem Mund, der mit den Zeilen wandert. Mit jeder gelesenen Seite taucht sie ab in die unendliche Welt der Bücher; in ein ihr noch zutiefst geheimnisvolles Reich, das sie mit jedem Mal mehr erforscht.

Für ein paar Stunden taucht sie ein in das Treiben des Textes, der sie mild und heimisch, dicht und unablässig wie Schneeflocken umfängt.

Dort hinein tritt sie mit grenzenlosem Vertrauen; eine Hand liegt beim Lesen immer auf einer Buchseite während die Abenteuer sie den Atem anhalten lassen.

Ruth ist Nacht für Nacht in eines der Bücher, die Silke ihr regelmäßig aus der Bücherei vorbeibringt, versunken.

So entflieht sie für einige Stunden ihrer frostigen und lieblosen Kindheit.

Oft liest sie bis in die Morgenstunden.

Die Batterien für die Taschenlampe bekommt sie von Silkes Mutter. Nach solchen durchgelesenen Nächten geht Ruth unausgeschlafen zur Schule.

Den langen Schulweg von fast vier Kilometern muss sie nach wie vor zu Fuß gehen.

Hin und wieder, wenn sie in ihren Gedanken versunken ist, vergisst sie schlichtweg den Schultornister zu Hause. An solchen Tagen wird es besonders schlimm für sie. Ihre Mitschüler lachen sie aus und zeigen mit dem Finger auf Ruth. Ab und an bekommt sie Hiebe mit dem Rohrstock über die ausgestreckte Hand. Ein grausamer Schmerz durchzieht sie jedes Mal, dennoch beißt sie sich auf die Lippen, damit kein Laut ihren Mund verlässt. Immer öfter schläft sie während des Unterrichtes ein, Strafarbeiten sind an der Tagesordnung. Ihre einzigen Verbündeten sind ihre Freundin Silke und deren Mutter. Dort findet sie während der Schuljahre Geborgenheit und Verständnis.

Silkes Mutter behandelt sie wie ihre eigene Tochter.

Die Kommunikation zwischen ihr und ihrer Mutter wird mit zunehmendem Alter komplizierter. Ruth bettelt regelrecht um ein wenig mehr Freizeit und um ein paar Groschen, damit sie sich die nötigsten Schulutensilien kaufen kann. Mitunter ist das Glück auf ihrer Seite und sie erwischt ihren Vater in den späten Abendstunden. In solchen Momenten steckt er ihr ab und an fünf Mark zu, damit sie sich die benötigten Schulsachen besorgen kann.

Immer wenn sie ihrem Vater begegnet, wird sie melancholisch. Sie vermisst sein freundliches und aufmunterndes Lächeln so sehr. Sie vermisst die

Streicheleinheiten, seine Heiterkeit und den Spaß, den sie die ersten Jahre ihrer Kindheit miteinander gehabt haben.

Das erschütternde Erlebnis

Im Oktober 1956 hämmert Silke an Ruths Wohnungstür. Ruth öffnet erbost die Tür und will ein Donnerwetter vom Stapel lassen. Doch ihr bleiben buchstäblich die zurechtgelegten Worte, die sie auf der Zunge trägt, im Hals stecken.

Völlig konfus, leichenblass und mit aufgerissenen Augen steht ihre Freundin vor ihr. So hat Ruth Silke noch nie erlebt!

Entschlossen packt Ruth Silke am Arm und schiebt sie auf die andere Straßenseite. In diesem Augenblick ist es ihr egal, dass Christin allein in der Wohnung bleibt. Sie steuert die Bank unter ihrem Lieblingsbaum an. Tröstend legt sie ihr die Arme auf die Schultern, so wie es Silke immer tut, wenn es ihr schlecht geht. Ruth ahnt nicht im Leisesten, warum Silke so kopflos und gleichzeitig so zerstreut wirkt. Geduldig wartet sie, bis die Freundin ihren Kummer in Worte fassen kann.

Unter Tränen stammelt diese: „Meine Mama ist nicht mehr bei mir, sie hat mich verlassen." Silke wird von einem heftigen Weinkrampf geschüttelt, bevor sie weiterspricht. „Sie ist gestern bei einem

Verkehrsunfall ums Leben gekommen. Sie ist mit ihren Stöckelschuhen und den Einkaufstaschen am Asphalt hängen geblieben. Sie ist gestolpert, als der Linienbus gerade um die Ecke gefahren ist. Der sofortige Bremsversuch ist gescheitert und sie geriet unter die wuchtigen Räder und blieb einfach reglos liegen."

Silke macht eine Pause, um das Unsagbare selbst zu begreifen. Dann spricht sie wie ein Tonband, das gerade abgespult wird, monoton weiter: „Den Transport in das Krankenhaus hat sie nicht überlebt." Silke schüttelt ein Weinkrampf nach dem anderen. Ruth ist sprachlos und zutiefst erschüttert; ihr fallen keine tröstenden Worte ein. Sie rüttelt Silke an den Schultern und schreit: „Was sagst du da? Damit macht man keine Scherze!" Umklammert halten sie sich fest und lassen ihren Tränen freien Lauf.

Ruth kann Silke nicht trösten; auch in ihr wütet ein brennender Schmerz. Frau Mahler ist für sie wie eine Mutter gewesen. *Oh Gott, warum ist das Leben so grausam?* denkt sie.

Damit sie nicht lauthals losheult, versteift sich Ruths Körper.

Stillschweigend sitzen die beiden eng umschlungen auf der Bank unter dem alten Baum. Wie lange sie dort sitzen, wissen sie nicht, Zeit spielt keine Rolle mehr. Nichts spielt mehr irgendeine Rolle ohne Silkes Mutter. Ohne Silkes Mutter ist alles endlos geworden.

Konfus und ohne Vorwarnung springt Silke auf und schreit ihren Zorn und ihre Hilflosigkeit aus sich heraus. Hektisch zerrt sie an Ruths Jacke, um Ruth zu sich hochzuziehen. Ruth hat nicht die geringste Vorstellung, was im Inneren ihrer Freundin gerade vor sich geht. Silke hämmert heftig mit ihren Fäusten auf Ruth ein und schreit herzzerreißend: „Warum hat sie mich alleine gelassen, was soll ich denn ohne sie tun? Sag es mir, Ruth! Warum nur?"

Ruth versucht ihre Freundin zu beruhigen, doch es gelingt ihr nicht. Sie zerrt Silke über die Straße und bringt sie nach Hause. Ruth ist es egal, ob sie wieder einmal Hausarrest bekommen wird, weil sie Christin ohne Aufsicht lässt. Sie sagt sich: *Silke ist jetzt wichtiger! Schließlich ist Christin sechs Jahre alt, da kann sie ruhig mal für eine Stunde alleine bleiben. In dem Alter bin ich auch alleine zu Hause gewesen,* beruhigt sie sich.

In Silkes Wohnung angekommen, durchsucht sie hektisch die Schränke und hofft einen Schnaps oder Ähnliches zu finden. *Mir hat der Schnaps immer über meinen Kummer hinweggeholfen, warum sollte er also nicht auch Silke helfen?,* kurbelt es in ihrem Kopf. Irgendwann wird sie fündig, nimmt die Flasche Martini und kippt zwei Gläser davon randvoll.

Sie gibt Silke ein Glas und befiehlt: „Auf ex", und sie trinken den warmen Martini ohne Eis ex.

Es dauert keine zehn Minuten und Silke muss sich übergeben. Sie brüllt und schreit, steckt sich immer wieder einen Finger in den Hals und kotzt sich die Seele aus dem Leib. Ihre Kehle brennt wie Feuer; Silke hat noch nie zuvor Alkohol getrunken. Ruth ist zufrieden mit dem, was sie sieht, und verfrachtet Silke ins Bett. Sie wartet, bis sie eingeschlafen ist. Erst dann, es ist bereits nach Mitternacht, verlässt sie die Wohnung ihrer Freundin. Silkes Vater ist nirgendwo zu sehen.

Leise öffnet Ruth die Wohnungstür und glaubt ungesehen in ihr Zimmer zu gelangen. Christin hat sie in der tiefen Trauer, die sie noch immer umgibt, vollkommen aus ihrem Gedächtnis gestrichen. Erst in dem Moment, als sie die Türschwelle betritt, fällt es ihr wieder siedend heiß ein. Ruth holt tief Luft und betet inständig, dass ihre Mutter bereits schläft.

Diese Hoffnung zerschlägt sich schlagartig. Wie eine Dampfwalze stampft die Mutter auf sie zu. Ruth sieht aus dem Augenwinkel den Gürtel in ihrer rechten Hand. Bevor sie ausweichen kann, peitscht dieser unaufhörlich auf sie ein. Sie spürt, wie die Gürtelschnalle ihren Beckenknochen streift. Ruth verkneift sich den Schrei, den sie vom brennenden Schmerz ausstoßen will. Geistesgegenwärtig hebt sie ihre Hände, um ihr Gesicht zu schützen. Zu spät! Sie fühlt, wie ihre Lippen pelzig werden und ihre Augen trüb vom Blut ihrer aufgeplatzten Augenbraue.

„Das ist zu viel!", schreit Ruth vor Schmerz. Innerlich auf das Tiefste aufgewühlt, reißt sie ihrer Mutter den Gürtel aus der Hand, schiebt sie mit unsagbarer Kraft an die gegenüberliegende Wand und zischt drohend in ihr Ohr: „Wenn du es wagst, mich noch einmal anzufassen, bringe ich dich um. Das verspreche ich dir hiermit hoch und heilig! Und noch etwas: Deine Christin kannst du dir sonst wohin stecken – ich werde nicht mehr auf sie aufpassen."

Ruth dreht sich auf dem Absatz um und stampft, als sei sie fünf Zentner schwer, in Richtung ihres Zimmers. Sie registriert, dass ihr Vater wieder nicht zu Hause ist.

Die heutigen Ereignisse waren zu viel für Ruth. In dieser Nacht weint sie sich in den Schlaf. Böse Träume begleiten sie. Auch sie kann nicht begreifen, dass Frau Mahler, die wie eine Mutter zu ihr war, einfach aus ihrem Leben verschwunden ist.

Sie hat ihr den Trost und die Liebe zukommen lassen, die sie in der eigenen Familie vermisst hat.

Tiefe Trauer um Silke

Für Silke, ihren Vater und Ruth folgt eine schlimme Zeit der Trauer. Langsam begreifen sie, dass der Tod etwas Unwiderrufliches ist. Die Hoffnung, die Verstorbene wiederzusehen, ist ganz verschwunden; eine Erkenntnis, die mit voller Wucht auf alle hereinbricht und heftigste Emotionen auslöst. Silke und Ruth stehen dem Schmerz hilflos gegenüber. Angst, Trauer, Unlust und Appetitlosigkeit quälen und begleiten sie in dieser Trauerkrise. Sie glauben, die Lebensfreude und das Glück haben sie für immer verlassen.

Silkes Vater kann den beiden Mädels in ihrem Schmerz nicht helfen. Er verliert selbst seinen Halt und taucht ab in eine Welt der Depressionen. Nach dem Tod seiner geliebten Frau steht er unter Schock und erlebt die Tage bis zur Beerdigung wie in Trance. Er will nicht wahrhaben, dass er seine Frau und die Mutter seiner Tochter für immer verloren hat. Er ist nicht mehr ansprechbar und betäubt seine tiefe Ohnmacht und seinen Schmerz mit Schlaftabletten und Alkohol.

Er schläft schlecht, hat keinen Hunger und fühlt sich krank. Er vergisst Dinge, die man sonst eigentlich weiß. Er kann sich auf einmal schlecht orientieren und er verfährt sich mit seinem Auto, auch auf völlig gewohnten Wegstrecken. Die Erschütterung durch den Tod seiner Frau wirkt wie eine Bedrohung auf ihn.

Silke ist von einem Moment auf den anderen auf sich selbst gestellt. Sie schafft es nicht, ihren Vater aus der tiefen Trauer zu holen. Im Gegenteil! Silke muss hilflos zusehen, wie er sich Stück für Stück selbst vernichtet. Es kommt wie es kommen muss. Er verliert seinen Job. Seither geht er nicht mehr aus dem Haus, grübelt nur noch vor sich hin. Seine Tochter existiert in dieser desastösen Zeit nicht mehr für ihn. Er scheint vergessen zu haben, dass er Verantwortung für Silke trägt.

Ruth und Silke sind verzweifelt, klammern sich aneinander wie an einem Strohhalm. Sie trösten sich und geben sich gegenseitig Mut und Kraft, bis zu dem Tag, an dem Ruths Mutter ihrer Tochter den Umgang mit Silke verbietet. Warum, kann weder Silke noch Ruth verstehen. Beide vermuten, dass Christin wieder die Übeltäterin ist.

Der Hass gegenüber Christin wächst ins Unermessliche. Heimlich treffen sich Ruth und Silke erneut, obwohl die Zusammenkünfte schwieriger werden.

Wenn Ruth aus der Schule kommt, wird der Schlüssel in der Wohnung herumgedreht, sodass sie keine Möglichkeit mehr hat, die Verabredungen mit Silke einzuhalten. Ruth kann sich in solchen Situationen nicht beherrschen, denn sie weiß, dass ihre Schwester für dieses Desaster verantwortlich ist. Wenn sich Ruth die Gelegenheit bietet, sperrt sie Christin im Keller des Hauses ein und nimmt ihr den Wohnungsschlüssel ab. Ruth droht Christin, sie nach Strich und Faden zu verprügeln, wenn sie ihr das Leben weiterhin zur Hölle macht.

Ab und zu droht sie in ihrem Hass Christin, indem sie ihr zuflüstert: „Denk daran, der Teufel geht niemals zum Engel und der Engel nie zum Teufel! Überlege dir, in welche Richtung du dich zukünftig bewegst." Nach solchen giftigen Worten bekommt Christin Angst und rennt anschließend schreiend zu der Mutter.

Die heimlichen Treffen mit Ruth gehen auch Silke psychisch an die Substanz; gleichzeitig helfen sie ihr kurzfristig über die tiefe Todestrauer ihrer Mutter hinweg.

Eines Tages nimmt ihre Mutter eine Stelle in der Strumpffabrik an. Sie argumentiert, dass ihr die Decke auf den Kopf fällt und sie deshalb arbeiten muss.

Von diesem Tag an überlässt sie auch Christin sich selbst.

Sie bekommt einen Schlüssel um den Hals gehängt, damit sie nach der Schule nicht auf der Straße steht. Christin hat ihren achten Geburtstag gefeiert und besucht die zweite Klasse der Grundschule. Die Atmosphäre in der Familie wird immer kälter und gefühlloser. Christin jedoch wird weiterhin Puderzucker in den Hintern geblasen. Sie nutzt den Streit ihrer Eltern, um diese gegeneinander auszuspielen. So schafft sie es, dass ihr alles erlaubt und kein Wunsch abgeschlagen wird.

Ruth und Silke treffen sich weiterhin heimlich im nahe gelegenen Wald. Obwohl sie überhaupt nicht schmecken, rauchen sie Zigaretten, die Silke ihrem Vater entwendet. Sie trösten sich mit Schnaps, den Ruth heimlich aus der Flasche ihres Vaters umfüllt. Sie schmieden Pläne für die Zukunft; sie wollen gemeinsam diesem bedrückten Dasein entrinnen.

Im Spätsommer, an einem Freitagnachmittag, sieht Ruth einen Möbelwagen auf der gegenüberliegenden Straßenseite stehen. Sie ahnt Schlimmes! Sie sprintet über die Straße und läuft direkt in die Arme von Silkes Vater.

Zutiefst erschrocken sieht sie ihn an und betrachtet ihn.

Ach du Schreck, der ist aber abgemagert!, durchfährt es sie. *Der sieht ja aus wie der Tod auf Latschen!* Groß und dürr steht er steif wie ein Stock und kerzengerade mit seinen breiten, knochigen Schultern. Die Augen liegen tief eingegraben in seinen Augenhöhlen. Die Wangen sind eingefallen und tiefe Falten durchfurchen sein Gesicht.

Sein Mund mit den zusammengekniffenen, leicht bläulichen Lippen wirkt schmal. Seine Hose und sein Pulli schlappern an ihm herunter, so als ob er die Kleidung seines großen Bruders trägt.

Komisch, so ausgezehrt hat er noch nie auf mich gewirkt, denkt Ruth. *Nun, ich habe ihn früher schließlich so gut wie nie gesehen. Ob er schon immer so ausgesehen hat?*

Ruth schüttelt sich innerlich und sieht schockiert zu ihm auf. Aus dem Augenwinkel sieht sie Silke weinend an der Haustür stehen. Bestürzt rennt sie auf ihre Freundin zu. Sofort erkennt sie, dass der Umzugswagen Silke von hier fortbringen wird.

Die Welt der beiden Freundinnen zerbricht in tausend kleine Einzelstücke. Verzweifelt brüllen sie ihren Schmerz aus sich heraus. Keine der beiden kann sich vorstellen, sich künftig nicht mehr zu sehen, nicht mehr miteinander reden und sich nicht mehr gegenseitig trösten zu können.

Zehn Jahre sind sie Freundinnen. Sie fühlen sich wie Zwillinge, die füreinander verantwortlich sind. Jetzt, in diesem Augenblick, spüren sie leibhaftig, wie jeweils das Herz der anderen aus dem Körper herausgerissen wird. Sie halten sich eng umschlungen und finden keine Worte des Trostes.

Silkes Vater hat im wahrsten Sinne des Wortes versoffen, was er besaß. Nach dem Tod von Silkes Mutter hat er alles verloren; auch seine Arbeitsstelle. Die Wohnung ist gekündigt, weil er die Miete nicht mehr bezahlen kann. Nun wird er mit Silke nach Schweden zu seiner Schwester fliegen. Als diese von dem tödlichen Unglück ihrer Schwägerin erfuhr, war für sie klar, Silke und ihren Vater zu sich nach Schweden zu holen. Ihre Farm ist groß genug für sie alle. Außerdem braucht sie eine starke Hand, da auch ihr Mann vor einigen Jahren gestorben ist.

Die Möbel sind beschlagnahmt und versteigert.

Ruth soll Silke nie wiedersehen.

Flegeljahre

Mit Silkes Abreise ist Ruth im Inneren ihres Herzens in der Trauer um ihre beste Freundin gefangen. Sie kann es nicht verkraften, dass Silke nicht mehr greifbar und einfach aus ihrem Leben verschwunden ist.

Nachdem Silke abgereist ist, beginnen Ruths böse Träume und die Stunden des Schlafes werden immer kürzer.

Sie entfernt sich mehr und mehr aus der realen Welt und zieht sich in ihr von Panzern umgebenes Schneckenhaus zurück.

Mit vierzehn Jahren muss Ruth die Hauptschule verlassen. Sie ist aufsässig, schwänzt die Schule und verprügelt ihre Mitschüler, wenn sie als Feuermelder tituliert wird.

Sie klaut das Mofa vom Nachbarn und schafft es trotzdem nicht, mit dem Ding abzuhauen. Meistens ist zu wenig Sprit im Tank und sie kommt nur bis zur nächsten Ecke. Fluchend und wütend über sich selbst schiebt sie das Mofa wieder dorthin, wo sie es hergeholt hat.

Meistens wird sie dabei nicht erwischt.

Ihr Körper nimmt mehr und mehr eine Abwehrhaltung ein. Ohne Abschlusszeugnis verlässt Ruth am Ende der siebten Klasse die Hauptschule.

Von diesem Tag an verschwindet sie immer häufiger im Keller mit einer billigen Whiskyflasche, die sie heimlich ihrem Vater entwendet hat. Ist ihr persönlicher Alkoholpegel erreicht, fällt es ihr wesentlich leichter, die Veränderungen an ihrem Körper zu ertragen.

Sie muss hilflos zusehen, wie ihre Hüften breiter werden. Mit ohnmächtiger Wut muss sie erdulden, wie ihre Brüste Formen annehmen und sie es nicht verhindern kann. Das einzig Positive, was sie an sich sieht, ist, dass ihre Taille schlanker wird. An bestimmten Tagen leidet sie unter Krämpfen und Kopfschmerzen.

Ruth ist völlig überfordert und hilflos mit sich und ihrem Körper. Panikartige Angstzustände begleiten sie in den nächsten Wochen und Monaten. Sie ist wütend auf sich selbst, da sie die Veränderungen an sich nicht aufzuhalten vermag. Sie glaubt, ihr Körper entwickelt sich zu einem Vulkan, der jederzeit erneut ausbrechen kann. Ihre Gesichtszüge verändern sich, ihr Kinn wird markanter und ihre grünen Augen blicken in letzter Zeit glanzloser und ohne Wärme. Ihre zarte Haut wirkt fettig und Pickel blühen rund um ihr spitzes Kinn. Sie erschrickt vor ihrem eigenen Spiegelbild.

Eines Abends, als sie sich wieder einmal nicht verstanden fühlt, will Ruth sich und ihren Körper entdecken und hofft, so ein wenig aus ihrer Seelenqual entrinnen zu können.

Unter ihrer Bettdecke fängt sie an, sich zu streicheln. Ihre Hände gleiten leicht wie eine Feder an ihrem Körper entlang. Sie spürt ein angenehmes, wohliges Gefühl auf ihrer Haut und findet Gefallen daran.

Ruth glaubt, dass Christin fest eingeschlafen ist, und lässt diesem Gefühl der Wärme freien Lauf.

Ihre Hände wandern langsam und zärtlich an ihren Brüsten entlang, weiter über den Bauchnabel bis hinunter zu ihrer Lustzone.

Sie ertastet ihren ganzen Körper bis hinunter zu ihren Fußspitzen. Allmählich entwickelt sich ein wohliges Gefühl. Ruth tritt ein in eine Welt ihr bislang unbekannter Gefühle. Völlig entspannt lässt sie sich auf ihr Treiben ein.

Jäh und ohne Vorwarnung wird ihr die Decke, unter der sie liegt, weggerissen. In diesem Augenblick hat Ruth das Gefühl, ihr Herz bliebe stehen. Ein tiefes Schamgefühl überkommt sie.

Geistesgegenwärtig zieht sie ihre Arme hoch und versucht, ihren nackten Körper vor ihrer Mutter zu verdecken. Bevor sie sich jedoch wehren kann, klatscht eine Hand auf ihr Gesicht. Ruth stöhnt auf und hört, wie ihre Mutter brüllt: „Du Miststück! Was du da gerade gemacht hast, tut man nicht! Das ist schmutzig und macht blind. Hast du das verstanden?" Ruth ist sprachlos und reißt ihrer Mutter die Decke wieder aus der Hand. Aus dem Augenwinkel erkennt sie, wie ihre Monsterschwester wieder in ihr Bett krabbelt. Sie ist es gewesen, die ihre Mutter gerufen hat, als Christin die lustvollen Geräusche ihrer Schwester vernahm. Ruth berührt sich seit diesem Erlebnis nie wieder selbst. Die Angst, erwischt zu werden, ist übermächtig. Mit dieser Attacke hat sie die Beziehung zu ihrem Körper vollends verloren. An solchen missglückten Tagen vermisst sie ihre Freundin Silke sehr. Oft fragt sie sich, ob es ihr in Schweden gut geht oder ob sie ebenfalls so leiden muss wie sie selbst. Ruth bekommt beklemmende Angst vor der Zukunft und fragt sich immer wieder, ob das alles sei, was sie vom Leben zu erwarten hat. Sie spürt eine unbändige Zerrissenheit in sich und fängt wieder an, sich bei jeder Gelegenheit, die sich ihr bietet, an den Unterarmen zu ritzen. Erst wenn das warme Blut rinnt, wird sie innerlich ruhiger. Sie trägt seit einiger Zeit, wenn es auch noch so heiß ist, nur langärmlige Shirts. Sie will nicht, dass gesehen wird, wie ihr rechter Arm vom Ritzen bereits stark vernarbt ist. Mehrere Tage hintereinander schließt sie sich im Keller ein und kommt nur heraus, wenn alle die Wohnung verlassen haben. Verzweifelt sucht sie einen Ausweg, um von hier zu verschwinden. Die Aggressionen, die sich bei ihr aufstauen, weiß sie nicht abzubauen.

Eines Tages entdeckt sie einen alten Stuhl im Kellergang und schafft ihn in den eigenen Keller. Die Idee, Eigenkörpertraining zu probieren, ist geboren.

Tag für Tag bietet Ruth ihrem Körper Widerstand. Nach einigen Wochen merkt sie, dass es körperlich und seelisch mit ihr bergauf geht.

Nach dieser positiven Erfahrung verbringt sie viele Stunden im Keller und trainiert mit ihrem

Eigengewicht bis zum Umfallen. Ruth drillt sich stark und geschmeidig und ihr Selbstbewusstsein fängt an zu strotzen.

Ihre Augen bekommen wieder Glanz und ihr Durchsetzungsvermögen prägt sich aus. Freudig erkennt sie, dass sich ihr Körper zum Positiven verändert und ihre schlanke und zierliche Figur muskulöser wird. Das Ritzen in ihre Haut gerät in den Hintergrund. Ihrer Mutter tritt sie viel selbstbewusster gegenüber, ihre Schwester Christin ignoriert sie einfach. Sie will leben und den zerreißenden Seelenstress endgültig hinter sich lassen.

Ruth hat ein neues Ziel, sie will nach Berlin!

Bittere Erkenntnis

Ruth sucht sich einen Job und kommt ihrem Ziel näher. Nur noch zum Schlafen geht sie nach Hause. Den Gedanken an Alkohol meidet sie strikt.

Die Streitigkeiten mit Christin und ihrer Mutter jedoch bleiben.

Sie wird gezwungen, das verdiente Geld als Haushaltsgeld abzugeben. Lediglich fünf Mark Taschengeld erhält sie von ihrem verdienten Geld im Monat.

Ruth arbeitet Akkord und verdient daher mehr Geld. Sie überlistet ihre Mutter, indem sie die Lohnzettel vernichtet. So schafft sie es, Geld anzusparen. Der Gedanke, mit dem angesparten Geld verschwinden zu können, beflügelt sie ungemein. Ihr Ziel ist es, zur Schwester ihrer Mutter nach Berlin zu ziehen.

Dieses Ziel gibt ihr neue Hoffnung und Energie.

In der Fabrik, in der sie im Akkord arbeitet, wird sie von Kollegen mit Komplimenten überhäuft. Bewundernde Pfiffe begleiten sie, wenn junge Kollegen an ihr vorüberschlendern. Ruth nimmt die Jungs nicht ernst und ignoriert sie bewusst. Sie will keine Freundschaft mit ihnen; die Angst, enttäuscht zu werden, ist zu groß. Sie weiß ja nicht einmal, wie sich Liebe anfühlt, sie hat vergessen, wie es ist, gestreichelt zu werden. Sie kann nicht nachvollziehen, warum ausgerechnet sie für die Männerwelt liebens- und begehrenswert sein soll.

Der Winter hat sich endgültig zurückgezogen und Ruth kommt ihrem Vorsatz, nach Berlin zu reisen, immer näher. Ihre positive Einstellung und dieses Ziel vor Augen, lassen Ruth mit ihren nun fünfzehn Jahren zu einer unnahbaren Schönheit werden.

Ihre Augen leuchten wie grüner Kristall. Ihr Blick funkelt vor Stärke und Selbstsicherheit. Ihre rötlichen, kinnlangen Haare sind weich und voller Fülle. Ihr Pony, der akkurat bis zu ihren geschwungenen Augenbrauen reicht, verdeckt ihre Denkerfalte. Ruth ist ein Meter sechzig groß, durchtrainiert und schlank. Wenn sie nervös ist, kaut sie an ihrer Unterlippe oder ihre Augenbrauen fangen an zu zucken. Sie ist heilfroh, dass seit zwei Jahren die Bläschen an ihren Händen nicht mehr aufgetaucht sind. Ihre blasse Haut mit den wenigen Sommersprossen um die kleine Himmelfahrtsnase und das ständige Lächeln auf ihren Lippen geben ihr ein sympathisches Aussehen.

Christin, mittlerweile acht Jahre alt, lässt nichts unversucht, Ruth das Leben weiterhin zu erschweren. Sie vernichtet ihre BRAVO-Zeitschriften, zerschneidet ihre Lieblingsblusen und versteckt ihre Schminke, die sie teuer bezahlt hat. Immer wieder.

Ruth weicht dem Druck ihrer Schwester aus, indem sie es sich im Keller bequem macht. Manchmal bekommt sie Wutanfälle und will nach oben in die Wohnung rasen und ihre Schwester erwürgen.

Wenn es ganz schlimm wird, rennt sie auf die Straße Richtung Stadtwald, schreit sich die Kehle aus dem Leib und betätigt sich im Schattenboxen.

Ihre Ersparnisse versteckt sie im Keller, denn sie traut Christin nicht über den Weg. Es fehlen ihr noch genau 100 DM, dann kann sie die große Reise antreten. Sie glaubt fest daran, im kommenden Jahr ihrer Familie den Rücken kehren zu können.

Ihren Vater sieht sie überhaupt nicht mehr. Jegliche Aufmerksamkeit und Liebe, die er ihr bis zur Geburt von Christin gegeben hatte, sind verpufft.

Immer öfters verlässt er spät abends nach heftigen Streitereien das Haus. Sie hört, wenn die Tür ins Schloss fällt.

Ruth glaubt nach wie vor, dass all der Ärger und die Streitereien erst mit der Geburt ihrer Schwester begonnen haben. Es passt einfach nichts mehr zusammen; die Familienharmonie ist zerstört.

Viele Nächte verbringt sie im Keller auf einer alten Matratze und geht erst am Morgen in die Wohnung. Den übrig gebliebenen kalten Kaffee kippt sie in sich hinein, bevor sie sich zur Arbeit aufmacht.

Zusätzlich zu ihrem Job in der Fabrik nimmt sie noch kleinere Jobs an, die ihr angeboten werden. Am liebsten trägt sie morgens um fünf Uhr die Tageszeitungen aus. Sie liebt es, am frühen Morgen durch die ruhigen Straßen zu laufen.

An einem frühen Morgen lernt sie beim Austragen der Zeitungen Walter, einen völlig verschüchterten Jungen, kennen. Sie schätzt ihn auf höchstens achtzehn Jahre. Sein Erscheinungsbild wirkt schwerfällig und tapsig. Seine blonden Haare sind kurz geschoren. Sein Gesicht ist rundlich und seine Augen blicken listig. Sein Gesicht ist mit Pickeln übersät, die er mit seinem Flaum, was er sicherlich als Bart bezeichnet, zu verdecken versucht.

Walter ist groß und stabil gebaut. Er hat breite Schultern und ist ein wenig dicklich. Ruth schüttelt es innerlich, als er sie, ohne seinen Blick zu heben, grüßt.

Ruth spürt, dass er ebenfalls Probleme hat, Kontakte zu schließen. Fast einen Monat lang unterhalten sie sich jeden Morgen über Gott und die

Welt. Irgendwann, während eines lapidaren Gespräches, stellt sich heraus, dass Walter auf der anderen Straßenseite, in der Wohnung ihrer damaligen Freundin Silke, eingezogen ist.

Beide finden Gefallen an den morgendlichen Gesprächen. Nach und nach stellen sie fest, dass sie einige Gemeinsamkeiten haben, und freunden sich mehr und mehr an.

Ruth weiß nicht, was sie geritten hat, als sie, ohne vorher zu überlegen, Walter zu einer Party in den Keller ihrer Eltern eingeladen hat.

Sie glaubt, einen Leidensgenossen gefunden zu haben, mit dem sie sich austauschen kann, ohne Angst haben zu müssen, angefasst zu werden.

An dem verabredeten Samstag bringt Walter eine Flasche amerikanischen Whiskey und noch einige Jungs und Mädels aus seiner Clique mit. Ruth ist überrascht, ihn so unterschätzt zu haben. Sie hatte geglaubt, dass er genauso einsam ist wie sie. Walters Freunde haben eine Menge Alkohol, Lebensmittel, Sitzkissen und Decken mitgebracht.

Walter schleppt einen Koffer, in dem sich ein Plattenspieler befindet, mit sich herum. Der Abend ist lustig und es wird viel gelacht, getanzt und getrunken. Ruth fühlt sich auf dieser Fete frei von Schuldgefühlen und innerem Stress.

Das Gefühl, sich für einige Stunden fallen zu lassen, tut ihr unsagbar gut. Es schmeichelt ihr, dass sie direkt ohne Wenn und Aber in Walters Freundeskreis aufgenommen wird.

Anfangs läuft an diesem Abend alles noch gut; Ruth unterhält sich angeregt mit Walters Freunden; mit jedem Schluck, den sie trinkt, fühlt sie sich gelöster. Nach einer gewissen Zeit macht der Alkohol sie und ihre Mitstreiter hemmungslos.

Ruth lässt sich, warum weiß sie nicht mehr zu sagen, auf einen Trinkwettbewerb ein.

Wer kann am längsten aus einer Flasche Whiskey trinken, ohne die Flasche abzusetzen?

An den Rest der Geschichte kann sie sich nicht mehr erinnern! Vierundzwanzig Stunden lag Ruth im Koma. Als sie erwacht, spürt sie Manschetten an ihren Handgelenken, die sich nicht entfernen lassen. Panik erfasst sie und wie durch dichten Nebel sieht sie Figuren mit weißen Kitteln, die wie kleine Ameisen hin und her wuseln. Die weit entfernten Stimmen, die zu ihr durchdringen, klingen verzerrt.

Vorsichtig öffnet sie ihre Augen. Sie hebt ihren Kopf, um sich zu orientieren. Der Schmerz und das Karussell in ihrem Schädel lassen sie sofort wieder in die Kissen sinken. Panik steigt in ihr auf. Sie schreit, doch sie vernimmt nur ein Krächzen.

Verzweifelt zerrt sie an den Handmanschetten, mit denen sie am Gitter ihres Bettes festgeschnallt ist. Sie will die angsteinflößenden Schläuche aus ihrer Armbeuge reißen. Ihr Herz schlägt heftig, unregelmäßig und laut. Ihre Schläfen pulsieren so sprunghaft, als würde ihr jemand eine Schleifmaschine an den Kopf halten.

Plötzlich spürt Ruth eine warme Hand, die sich in die ihre legt. Inständig hofft sie, dass es die Hand ihres Vaters ist. Vorsichtig, als wäre ihr Kopf ein rohes Ei, dreht sie ihn auf die Seite.

Ernüchternd stellt sie fest, dass es Walters Hand ist. Nach seiner Erzählung war es weit nach Mitternacht, als plötzlich ihr Verstand aussetzte. Es war, als hätte einer den AUS-Schalter in ihrem Gehirn betätigt. Sie habe die Whiskeyflasche erst wieder abgesetzt, nachdem sie diesen bis auf den allerletzten Tropfen ausgetrunken hatte.

Walter reagierte geistesgegenwärtig, als er erkannte, dass sie sich ins Koma geschossen hatte. Sofort alarmierte er aus der nächsten Telefonzelle einen Krankenwagen.

Im Hause selbst hatte Chaos geherrscht.

Die Bewohner, einschließlich Ruths Eltern, hatten die Jugendlichen mit Gebrüll und Besenstielen aus dem Haus gejagt.

Ruth lauscht entgeistert Walters Ausführungen und wird schlagartig knallrot im Gesicht vor lauter Scham, als Walter seine Erzählung beendet. Peinlich berührt bittet sie Walter zu gehen, denn sie brauche jetzt Ruhe zum Nachdenken.

Am frühen Nachmittag bei der Arztvisite wird ihr

vom diensthabenden Arzt erklärt, dass es an ein Wunder grenze, sie noch lebend hier liegen zu sehen.

Alle auf dieser Station haben geglaubt, sie sei bereits hirntot.

Der Oberarzt Dr. Kranz der Inneren Abteilung erwähnt, dass sie nur durch Walters Einsatz und dank ihrer Jugend überlebt hat.

Ruth ist entsetzt darüber, dass sie sich an überhaupt nichts mehr erinnern kann. Sie ist emotional hin- und hergerissen, weiß nicht so richtig, ob sie Walter dankbar sein soll für sein schnelles Einschreiten oder ihn besser verflucht, wegen seiner Hilfsbereitschaft, mit der er sie ins Leben zurückgeholt hat.

Dr. Kranz, ein freundlicher, älterer Arzt mit lichtem Haar und einem kleinen Schnäuzer, der ihn sympathisch aussehen lässt, erklärt ihr, dass sie dem Tod im letzten Moment von der Schaufel gehopst ist. Auf diese Weise legt er ihr nahe, eine psychologische Behandlung in Anspruch zu nehmen. Er zeigt dabei auf ihren zerschnittenen und bereits vernarbten Unterarm.

Er gibt Ruth die Visitenkarte eines Kollegen, falls sie erneut in seelische Not gerät.

Ihre Mutter wird verpflichtet, sich regelmäßig beim Jugendamt zu melden.

Ruth muss einen Antialkoholiker Kurs für Jugendliche absolvieren und für einige Zeit in ambulante psychiatrische Behandlung.

Mit himmelschreiender Verbitterung muss Ruth erneut erkennen, dass es ihrer Mutter egal gewesen ist, ob sie aus dem Koma erwacht oder nicht.

Die Beziehung zu ihrer Mutter ist endgültig zerstört.

Nach diesem katastrophalen Alkoholabsturz ist sie zu Hause kaum noch anzutreffen.
Diesen Alkoholtrip verzeiht ihr die Mutter nicht.

Durch Zufall hört Ruth eines Abends, als sie schon im Bett liegt und nicht einschlafen kann, wie sie zu ihrem Vater voller Hass bemerkt: „Warum hat der Blödian von Walter sie ins Krankenhaus gebracht? Es wäre für uns alle besser gewesen, wenn sie verreckt wäre!" Verstört hört sie ihren Vater mit Entsetzen in der Stimme antworten: „Um Gottes willen, was ist los mit dir, Gudrun? Die Kleine hat dir doch nichts getan! Warum bist du bloß so bösartig geworden? Das arme Mädchen, offenbar musste mal so etwas passieren."

Gudrun keift zurück: „Hast du eine Ahnung, was sie mir bei ihrer Geburt angetan hat? Nein, du weißt es nicht! Ist ja auch egal, sie verschwindet eh bald, dann konzentrieren wir uns nur noch auf unseren Engel Christin. Sie ist ja auch viel intelligenter als Ruth."

Ruth hält den Atem an und zieht die Decke über ihren Kopf. Sie ist über sich selbst erstaunt, dass die Worte ihrer Mutter sie völlig kalt lassen. Zu viele seelische Qualen hat sie ihr zugefügt.

Ruth hält ihr Ziel – Berlin – aufrecht. Sie benötigt

noch einige Zeit, um das Geld für Berlin zusammenzusparen; sie schreibt regelmäßig ihrer Tante Odette, der Schwester ihrer Mutter.

Odette ist drei Jahre älter als ihre Mutter und vom Charakter ein völlig anderer Mensch. Odette ist freundlich und ausgeglichen; ein wenig größer als ihre Mutter. Dennoch sehen sie sich sehr ähnlich. Odette hat nach Berlin geheiratet und ist zufrieden mit ihrem Leben und ihrer damaligen Entscheidung, nach Berlin zu ziehen.

Ruth kann sich noch gut daran erinnern, als Odette bei ihren Eltern zu Besuch war. Für sie war es ein Glücksfall; ihre Tante hat sofort mitbekommen, dass Ruth unglücklich ist.

Tante Odette versprach ihr zu helfen und seit diesem Tag steht sie mit ihr im ständigen Briefkontakt.

An Ruths fünfzehntem Geburtstag kommt ein Brief, der ihr mitteilt, dass sie bei einem Freund ihres Onkels in Wedding im Zeitungskiosk anfangen dürfe, wenn sie das sechzehnte Lebensjahr erreicht hat.

Ruth erlebt einen neuen seelischen Aufschwung und trägt diesen Brief mit der Zusage immer bei sich.

In der darauffolgenden Zeit hängt Ruth die meiste Zeit mit Walter und seinen Kumpels rum. Nur noch zum Kleiderwechseln geht sie nach Hause. Walter ist ihr einziger guter Freund geworden. Sie weiß, dass Walter vom anderen Ufer ist und mit Mädels nichts am Hut hat. Das macht ihre Beziehung wesentlich einfacher und unkomplizierter.

Er hilft ihr einen Weg nach Berlin zu finden. Außerdem ist er nicht so harmlos, wie er aussieht.

Sein Taschengeld verdient er mit Hehlerei von geklauter Ware. Er kennt in Durlach und Umgebung jede dunkle Ecke und jedes zwielichtige Lokal.

Ruth findet Gefallen an diesem Doppelleben. Sie steht Schmiere beim Klauen und beschäftigt Leute, damit Walter nicht erwischt wird. Die Beute wird anschließend zu ein Drittel für Ruth und zwei Drittel für Walter aufgeteilt.

Walter organisiert ihre Zugfahrkarte und fälscht die Unterschrift für ihren Antrag auf einen eigenen Ausweis, den sie für Berlin benötigt. Für ihn ist es relativ einfach, die Unterschrift ihrer Eltern auf dem Antragsformular zu fälschen.

Bevor Ruth sich ein Passfoto machen lässt, schminkt sie sich so stark, dass sie automatisch älter wirkt. Das gefällt ihr gut; sie wundert sich selbst darüber, wie doch Schminke ein Gesicht zu verändern vermag.

Auf dem Weg nach Berlin

Freudestrahlend geht Ruth an einem Tag im September 1959 auf Walter zu und wedelt mit den Geldscheinen. Sie übergibt ihm die vereinbarte

Summe und im Gegenzug bekommt sie den Ausweis und die Fahrkarte ohne Rückfahrschein nach Berlin.

Von dem übrig gebliebenen Geld kleidet sie sich neu ein. Sie kauft sich einen schicken dunkelblauen Hosenanzug, eine passende Handtasche und einen knallgelben Hut.
Den Rest des Geldes näht sie geschickt in ihren BH ein.

Ihre grünen Augen strahlen Walter selbstbewusst an. Sie dreht sich wie ein Brummkreisel und ruft ihm lachend zu: „Mir gehört ab heute die Welt. Ich bin bereit für ein neues, aufregendes Leben in einer Weltstadt.

Ihr durchtrainierter Köper betont ihre schlanke Taille. Ihren grellen gelben Krempelhut setzt sie so geschickt auf, dass ihre roten Haare keck hervorschauen.

Ruth sieht allerliebst aus und Walter ruft ihr lachend zu „Wenn ich nicht schon vergeben wäre, würde ich mich bestimmt in dich verlieben. Du siehst einfach hinreißend aus. Pass gut auf dich auf, kleine rothaarige, geheimnisvolle Lady."

Ruth spürt, wie sie rot anläuft. Solche Komplimente ist sie nicht gewöhnt. Sie selbst sieht sich eher als einen durchschnittlichen Teenager an, welcher heute allerdings die ganze Welt umarmen möchte.

Beflügelt und voller Zukunftspläne verlässt sie endgültig ihr Elternhaus. Walter holt sie auf seiner hellblauen Vesper 150 VBA, ausgestattet mit drei Gängen und ca. 85 km/h, ab.

Ruth genießt die warmen herbstlichen Sonnenstrahlen während der Fahrt zum Karlsruher Bahnhof. So frei und beflügelt wie in diesem Augenblick hat sie sich noch nie gefühlt. Durch den Fahrtwind auf dem Weg zum Bahnhof versucht sie mit ihrem starken Willen die Vergangenheit abzuschütteln wie der Obstbauer die faulen Birnen von den Bäumen.

Sie will nur noch raus aus dem Irrenhaus und weg, weit weg, damit sie endlich ihr eigenes Leben beginnen kann. Keiner in der Familie interessiert sich für ihre Abreise, auch nicht ihr Vater. Sie liebt ihren Vater nach wie vor, es versetzt ihr einen Stich ins Herz, dass er sie einfach auf die Seite geschoben hat wie einen alten ausgedienten Mob.

Der Abschied von Walter fällt ihr schwerer als gedacht. Augenzwinkernd verspricht er ihr, sie in Berlin zu besuchen.

Langsam setzt sich der Zug in Bewegung, sie zieht das Fenster im Abteil nach oben und winkt Walter mit ihrem ebenfalls knallgelben Taschentuch zum Abschied. Eine kleine Träne kullert ihr über die Wange. Verstohlen wischt sie diese mit ihrem Taschentuch weg.

Ruth registriert, dass sie ein Abteil für sich alleine hat, und genießt es, ungestört ihren Gedanken nachhängen zu können. Sie lauscht dem gleichmäßigen Rattern des Zuges, das etwas Beruhigendes an sich hat. Sie spürt die Härte der Sitzbank und die Kälte im Abteil; die mitgenommene Wolldecke schlingt sie sich über ihre Beine. Leichte Müdigkeit überkommt sie.

So dämmert sie entspannt vor sich hin, während Minute um Minute, Stunde um Stunde vergeht.

Wenn ihr Kopf in Richtung Kinn einknickt, zuckt sie zusammen. Schnell spannt sie in solchen Augenblicken ihren Körper und setzt sich wieder in die aufrechte Position. Zur Abwechslung sieht sie erneut aus dem Fenster und trinkt ihren mittlerweile lauwarmen Muckefuck.

Sie bestaunt die wunderschöne grüne Landschaft, die sich entlang Schlössern und kleinerer Städte schlängelt. Entlang des Rheins lernt Ruth eine völlig andere Seite ihrer Heimat kennen. Die Fahrt geht weiter durch den Taunus und den Habichtswald.

Am Hauptbahnhof Erfurt betritt ein alter Mann das Abteil und setzt sich ihr gegenüber. Er grüßt durch ein Kopfnicken und zieht sich anschließend in sich zurück.

Ruth beobachtet ihn, während er jetzt mit geschlossenen Augen und zurückgelegtem Kopf auf der harten Bank sitzt. Er scheint tief in seine Gedanken abgetaucht zu sein. Die Lippen dieses Mannes sind kalkweiß und trocken. Die Adern der Hände, die er gefaltet hält, treten graubläulich hervor. Sein Gesicht wirkt alt und staubgrau und ist von scharfen, schwärzlichen Furchen gezeichnet. Der Mann bemerkt, dass sie ihn beobachtet, und lächelt freundlich.

Peinlich berührt dreht sie sich weg von ihm, kramt in ihrer Tasche und holt erneut ihre Thermoskanne heraus.

Ob ich auch irgendwann mal so schrumpelig aussehe?, denkt sie und schüttelt schnell den Gedanken von sich ab.

Sie kann es sich im Moment gar nicht vorstellen, selbst einmal alt und gebrechlich zu werden.

Der alte Mann holt sie aus ihren Gedanken und beginnt ein Gespräch. So vergeht die Zeit wie im Flug, während sie sich angeregt über dies und das unterhalten.

Der Zug nähert sich immer mehr seinem Ziel. Ein unruhiges Gefühl beschleicht Ruth.

Es ist die Angst vor dem Unbekannten. Plötzlich tauchen Fragen über Fragen auf.

In ihrem Bauch grummelt es. Sie gerät ins Schwitzen und ihr Mut scheint sie zu verlassen.

Was ist, wenn Odette mich nicht abholt? Was passiert, wenn sie auf einmal keinen Job mehr für mich haben? Wo werde ich wohnen? Werde ich freundlich von meiner Tante aufgenommen? Was passiert, wenn ich mich in so einer großen Stadt nicht zurechtfinde? Wird der Freund meines Onkels mit meiner Arbeit zufrieden sein?

Ruth wird zunehmend kribbeliger. Sie rutscht auf der Bank hin und her. Um ihre innere Unruhe in den Griff zu bekommen, versucht sie ihre Angst mit dem mitgenommenen, bereits trockenen Brot herunterzuschlucken.

Steif vom langen Sitzen bewegt sie sich aus dem Abteil und läuft in dem schmalen Gang auf und ab.

Durch bewusstes Ein- und Ausatmen versucht sie sich in den Griff zu bekommen.

Sie spricht sich selbst Mut zu, sie trichtert sich ein, dass es nicht schlimmer werden kann, als es zu Hause gewesen ist.

Mit einer anhaltenden inneren Unruhe geht sie zurück in ihr Abteil und setzt sich, dem alten Mann zunickend, auf die gegenüberliegende Bank.

Der Mann beobachtet sie wohlwollend einige Zeit. Er spürt ihre innere Unruhe. Er lächelt Ruth aufmunternd zu und schwatzt im badischen Dialekt: „Beruhigen Sie sich, es wird alles nicht so heiß gegessen, wie es gekocht wird. Sie sind noch so jung und können Berge versetzen, wenn Sie es nur wollen. Ich spüre Ihre Ruhelosigkeit und die Angst, die Sie beschlichen hat. Tun Sie sich selbst einen Gefallen: Belügen Sie sich nie selbst! Ach was, ich darf doch Du sagen, oder? So lässt es sich einfacher erklären."

Ruth nickt zögerlich mit ihrem Kopf. „So ist es recht", spricht der Mann weiter. „Wenn du nicht ehrlich zu dir selbst bist, wer soll dann ehrlich zu dir sein? Wenn du dich selbst belügst, dann werden dich auch die anderen belügen, nur, um dir in der Außenwelt klarzumachen, wie es tief in dir aussieht. Schau morgens mit ehrlichem, aufrichtigem Blick in den Spiegel und sei stolz auf das, was du da siehst. Liebe dich so, wie du bist; es ist dein Körper, dein Diener, dein Spiegelbild. Der Körper dient dir so wunderbar und führt die Befehle deiner Gedanken und Gefühle ohne Widerspruch aus. Behandle ihn nicht wie einen Lumpensack oder ein großes Ersatzteillager. Dein Körper ist das Haus, in dem du wohnst. Also hüte es, er ist das Aushängeschild deiner Gedanken und Gefühle. Ohne seine Bereitschaft kannst du kein Ziel erfolgreich erreichen." Der alte Mann schaut Ruth lange und freundlich an und wartet einen kurzen Augenblick, bevor er weiterschwatzt:

„Es würde mich freuen, wenn du dir meine Worte in das Innere deines Herzens einschließt. Du bist so blutjung und hast noch dein ganzes Leben vor dir."

Verstohlen sieht er auf Ruths vernarbten Arm und spricht weiter: „Du musst noch viel lernen! Gedanken haben Flügel, und wenn du etwas wirklich aus vollem Herzen willst, dann passiert es auch. Wir haben jetzt einige Stunden zusammen in diesem Abteil verbracht und ich habe mich gerne mit dir unterhalten. In einer halben Stunde haben wir unser Ziel erreicht und unsere Wege werden sich für immer trennen. Ich wünsche dir für deine weiteren Jahre, die sicherlich mit zahlreichen Abenteuern des Lebens bestückt sein werden, viel Glück.

Mein Zug ist bereits abgefahren und meine Endstation kommt mit großen Schritten auf mich zu. Oft habe ich darüber nachgedacht, ob ich etwas in meinem Leben, welches ich bis hierhin gelebt habe, hätte ändern wollen. Jedoch komme ich zu der Erkenntnis, dass ich mein Leben ein zweites Mal genau so leben würde, wie ich es gelebt habe.

Also, nur Mut, junge Dame, und höre auf dein Herz und deinen Bauch, dann wird dir nichts passieren. Viel Glück und vielen Dank für die angenehme Wegbegleitung."

Ruth ist von dem Wortschwall des alten Mannes völlig benommen. Kaum hat er zu Ende gesprochen, hält der Zug auch schon in Charlottenburg Bahnhof Zoo.

Kopfnickend und freundlich lächelnd verabschiedet er sich von Ruth und verschwindet, als wäre er nie dagewesen, in der Menge.

Kaum hat Ruth ihren Koffer unter den Arm gepackt, entdeckt sie auch schon aus dem Augenwinkel ihre Tante Odette.

Mit zittrigen Beinen steigt sie aus dem Zug. Odette kommt ihr freudig winkend entgegen. Sie bleibt vor ihr stehen und nimmt Ruth aufmunternd in den Arm. Ruth versteift sich. Der Schweiß tritt ihr auf die Stirn.

Ihre Berührungsängste hat sie noch lange nicht abgelegt. Diese Situation ist ihr unangenehm und peinlich. Ruth kann sich gar nicht mehr daran erinnern, wann sie das letzte Mal so liebevoll und freundlich umarmt worden ist.

Eine neue Perspektive

Für Ruth eröffnet sich eine vollkommene neue Welt. Es dauert eine ganze Ewigkeit, bis sie sich in Westberlin zurechtfindet. Ein Jahr arbeitet sie am Kiosk des Herrn Louis. Der Mann ist bereits über siebzig Jahre und ist dankbar für Ruths Unterstützung.

Er ist freundlich und zahlt ihr pünktlich den monatlichen Lohn.

In dieser Zeit wohnt sie bei ihrer Tante, die ihr ein kleines Zimmer zur Verfügung gestellt hat. Das Bad und die Küche darf sie mitbenutzen. Sie wird respektvoll und als vollwertiger Mensch behandelt. Das tut ihrer kranken Seele gut. Sie geht regelmäßig joggen und macht jeden Tag, so wie es ihr ihre Zeit erlaubt, weiterhin Eigenkörpertraining und Schattenboxen.

Durch Beziehungen ihrer Tante bekommt sie ein Jahr später eine Stelle bei der Landesversicherungsanstalt für Angestellte (LVA). Es ist zwar nur als Datentypistin, aber immerhin eine feste Arbeitsstelle.

Täglich muss sie Mengen von Daten in maschinenlesbarer Form über ein Terminal in ein EDV-System eingeben.

Die ersten Arbeitstage sind für ihre Augen sehr anstrengend und sie fällt, wenn sie nach Hause kommt, total erschöpft auf ihr Bett.

Oft muss sie in den darauffolgenden Wochen an die Worte des alten Mannes im Zug denken.

Eine eigene kleine Wohnung!

Ruth freut sich auf ihre erste eigene Wohnung in Berlin Steglitz, im Hinterhof im Souterrain.

Die Wohnung ist klein, kalt, dunkel und ziemlich runtergekommen, aber es sind immerhin ihre eigenen vier Wände. Es gibt ein kleines Schlafzimmer, in dem gerade ein Bett und ein schmaler Schrank Platz finden. Die integrierte Küchenzeile im Wohnraumbereich besteht aus einer Steinspüle, einem Herd sowie einem Hängeschrank.

Über das winzige Badezimmer mit einer alten Gastherme freut sie sich wie ein kleines Kind, das gerade den Hauptgewinn gezogen hat.

Endlich eine eigene Badewanne, nur für mich allein, und das, ohne mir im Kessel Wasser aufwärmen zu müssen, freut sie sich.

Voller Lebensfreude und mit viel Energie besorgt sie sich Obst- und Gemüsekisten aus dem Lebensmittelladen Kaiser's und bastelt sich daraus Sitzgelegenheiten und ein Wohnzimmerregal.

Eine altmodische Deckenlampe und ausrangiertes Geschirr, Handtücher und Bettwäsche bekommt sie von ihrer Tante.

Eine alte Matratze ist ihr Schlafbett und eine Gardinenstange, an der Wand befestigt, dient ihr als Kleiderschrank.

Zusammengesteckte offene Kisten nutzt sie als Schlafzimmerschrank für diverse Utensilien, wie Handtücher, Schminke und was sonst noch so abgelegt werden kann.

Als ungelernte Datentypistin bei der LVA verdient sie lediglich 131,00 DM im Monat. Mit einem Nebenjob in den frühen Morgenstunden als Zeitungsausträgerin bessert sie ihr Einkommen auf. Ruth möchte unbedingt ihre Lebensqualität verbessern und denkt immerzu an die Worte des alten Mannes aus dem Zug, die für sie allmählich einen Sinn ergeben.

In ihrem Kopf setzt sie sich ständig neue Ziele und powert ihr Selbstbewusstsein auf, indem sie sich vor ihren Spiegel stellt und zu sich selbst spricht: *Ich habe mein eigenes Reich geschaffen und jetzt kann mich nichts mehr aufhalten. Ab sofort bin ich ganz alleine für mich und mein Tun verantwortlich. Jetzt kann mein eigenes Leben beginnen und ich brauche nur noch Rücksicht auf mich selbst zu nehmen.*

Vielleicht schaffe ich es, einen Freundeskreis aufzubauen. Bald geht es aufwärts und ich will Spaß haben, lachen und tanzen gehen.

Ruth glaubt in diesem Augenblick, dass sie das Glück für sich alleine gepachtet hat. Vor lauter Übermut dreht sie das alte Radio auf und schwingt im Rhythmus der Musik ihre Hüfte und wackelt berauscht mit ihrem Po.

Verschwitzt, aber überglücklich dreht sie am Warmwasserhahn. Das Badewasser fließt in die Wanne. Ruth lässt ihre Seele baumeln und ihre Gedanken fließen.

Ob meine Familie noch an mich denkt?

Gustav und Christin

Christin ist tierisch sauer darüber, dass ihre Schwester sich einfach so verdünnisiert hat. Es ärgert sie ungemein, dass sie Ruth nicht mehr beleidigen und zornig machen kann.

Seit ihre Mutter wieder arbeitet, ist sie mit ihren neun Jahren auf sich allein gestellt. In der Schule hat sie keine Probleme mit dem zu lernenden Stoff. Im September wechselt sie auf die Mittelstufe.

Ihre Mutter ist sehr stolz auf sie und Christin bekommt alles, was ihr Herz begehrt, egal, was es kostet. Sie braucht nur mit dem Finger zu schnipsen und ehe sie sich versieht, steht sie mit ihrer Mutter in einer Boutique, um schicke Klamotten und die dazu passenden Schuhe zu kaufen.

Christin spürt, dass ihre Mutter ein schlechtes Gewissen hat. Ihre Mutter ahnt nicht im Leisesten, dass sich ihr Engel zu einem Biest sondergleichen entwickelt.

Christin macht es ihren Mitschülern schwer, sie hetzt einen gegen den anderen auf; nach und nach distanzieren sich fast alle Schulkameraden von ihr.

Nur Monika, eine Klassenkameradin, hält zu ihr. Sie ist ebenfalls ein Schlüsselkind. Ihre Eltern sieht sie erst spät abends.

Monika ist ein unscheinbares blasses Mädchen mit kurzen braunen Haaren und einem rundlichen Gesicht. Sie trägt eine Brille mit dicken Brillengläsern, die sie irgendwie komisch und dumm aussehen lassen. Monika wird ständig in der Schule wegen ihrer dicken Gläser gemobbt.

Monika fühlt sich geehrt, Christins Freundin sein zu dürfen. Aus diesem Grund macht Monika alles, was Christin verlangt.

Zum Spaß lässt Christin sich von Monika oft die Schuhe putzen und ihr Zimmer aufräumen. Mit Absicht lässt sie vorher ein Milch- oder Kakaoglas fallen, damit Monika Mühe hat, den Fußboden und den Teppich wieder sauber zu bekommen.

Im Gegenzug schenkt sie ihr Kleidung, die sie selbst nicht mehr tragen will. Monika freut sich darüber, denn sie liebt die kleine blonde Christin mit den stahlblauen Augen und sie ist stolz, so jemanden wie sie als Freundin zu haben.

Christin selbst kommt mit der Rolle als Schlüsselkind nicht zurecht und wird von Jahr zu Jahr aufmüpfiger.

Die Streitereien ihrer Eltern gehen ihr gehörig auf den Keks. Sie versucht die Aufmerksamkeit auf sich zu lenken und hofft so, dass sich ihre Eltern wieder vertragen.

Sie simuliert Krankheiten, stopft sich Zahnpasta in den Mund und schluckt sie herunter; mit Fieber muss sie anschließend im Bett bleiben.

Hin und wieder schlägt sie sich einen massiven Stein so lange auf das linke Knie, bis es anfängt zu bluten. Besonders wenn sich Christin von ihrem Vater verlassen fühlt, konzentriert sie sich so sehr auf ihren Bauch, dass sie unmittelbar Bauchkrämpfe bekommt.

Sie erreicht, dass ihr Dad an solchen Tagen bis spät in die Nacht an ihrem Bett sitzt und sie tröstend in den Arm nimmt.

Wenn sich ihre Eltern mal nicht streiten, sitzen sie sich stillschweigend gegenüber und wissen nichts miteinander anzufangen.

Christin ahnt nicht, dass sich ihre Eltern auseinandergelebt haben. An solchen trostlosen Abenden denkt Christin sehr oft an ihre große Schwester.

Die Familie zerbricht

Heute ist Gustav, Christins Vater, nicht zum Spätdienst eingeteilt. Er hofft auf einen gemütlichen Fernsehabend mit seinen Lieben.

Er strebt einen Schmuseabend mit Gudrun an und bringt Christin kurz vor den Achtuhrnachrichten ins Bett.

Liebevoll umarmt er seine Tochter. Christin ist überglücklich, ihren Papa für einen kurzen Moment für sich zu haben. Nach dem Gutenachtkuss schließt Gustav leise die Tür hinter sich. Zufrieden und selig gleitet Christin hinüber in das Land der Träume und glaubt fest daran, dass alles wieder gut werden wird.

Zwischenzeitlich geht Gustav zurück ins Wohnzimmer und sagt leise zu Gudrun: „So, jetzt versuchen wir mal, vernünftig miteinander zu reden. Das kann doch nicht so schwer sein." Er geht auf sie zu, um sie zu umarmen. Entsetzt erzwingt Gudrun einen Abstand zwischen sich und Gustav und zischt wütend: „Erschreck mich nie wieder, hörst du!" Schnellen Schrittes geht sie ins Schlafzimmer und schließt die Tür hinter sich. Gustav ist sprachlos und grübelt. *Weshalb ist Gudrun seit Christins Geburt so gefühlskalt und streitsüchtig? Warum lässt sie keine Liebkosungen mehr zu? Wieso reden wir nicht miteinander, so wie früher, als sie noch nicht mit Christin schwanger war? Schon seit mehreren Wochen liege ich wach neben ihr und brüte Nacht für*

Nacht. Liegt es etwa an der Geburt unserer gemeinsamen Tochter? Wir hatten uns doch beide so sehr noch ein Kind gewünscht!

Gemeinsam freuten wir uns, dass wir diesem Kind mehr Geborgenheit als Ruth würden geben können. Jetzt, wo es mit der Wirtschaft bergauf geht, können wir uns doch mehr leisten als all die Jahre zuvor.

Warum spricht sie nicht mit mir? Warum stößt sie mich weg und lässt mich mit meinen Gefühlen gnadenlos im Regen stehen?

Seinen Kopf in die Hände gestützt, stöhnt er leise auf. Dieses tägliche Schweigen und Nebeneinander- statt Miteinanderleben brechen ihm das Herz.

Egal wie sehr er seinen Kopf zermartert, er findet keine plausible Erklärung für die eisige Kälte, die ihn seit Monaten umgibt. Sosehr er sich auch bemüht, er erreicht ihr Herz nicht mehr.

Will er sie streicheln oder in den Arm nehmen, zuckt Gudrun zusammen und dreht sich weg von ihm. Danach rollt sie sich wie ein Igel zusammen.

Immerfort zanken sie sich wegen irgendwelcher Lappalien, während Christin sich in ihr Zimmer zurückzieht; auch sie kann diese Auseinandersetzungen seelisch nicht mehr verkraften. Angstvoll und fragend blickt sie ihren Dad nach solchen Streitigkeiten an. Der Blick seiner Tochter zerreißt Gustav das Herz, gleichzeitig macht ihn diese ausweglose Situation auch wütend. Resigniert muss er feststellen, dass ein liebevolles Miteinander schon viel zu lange nicht mehr möglich ist. In solchen verzweifelten Momenten kreisen seine Gedanken um Ruth:

Seit Ruth den gemeinsamen Haushalt verlassen hat, ist es noch schlimmer geworden. Gudrun geht mir konsequent aus dem Weg. Offensichtlich hat Ruth die ganze Zeit den Haushalt geführt, ohne dass ich es bemerkt habe. Oft frage ich mich, wieso es überhaupt so weit kommen konnte, dass sie unsere Familie so früh verlassen hat. Je mehr ich darüber nachdenke, umso lauter meldet sich mein schlechtes Gewissen. Allmählich wird mir klar, dass ich eine erhebliche Mitschuld daran trage. Ob es ihr gut geht? Meine Güte, was habe ich dem Kind nur angetan!

In dieser Nacht fasst Gustav den Entschluss, diesem lieblosen Zustand ein Ende zu setzen, egal, welche Konsequenzen diese unweigerliche Aussprache haben wird. Er hat ein Recht darauf zu erfahren, warum ihre Liebe so stark abgekühlt ist.

Ihm wird klar, dass er etwas tun muss, um auch seine innere Ruhe zu finden. In letzter Zeit nimmt er immer launischer und unausgeschlafen seinen Dienst wahr.

Seine Kollegen reden schon über ihn. Seine Absicht steht fest und er bittet seinen Vorgesetzten darum, seine angehäuften Überstunden abbauen zu dürfen.

Gudrun informiert er wohlweislich nicht über sein Vorhaben, denn er weiß, dass sie jeden Donnerstag ihren Haushaltstag nimmt. An diesem Tag schließt Gustav kurz nach zwölf Uhr mittags sein Dienstzimmer ab. Heute wird er seine Frau zur Rede stellen, egal, was dann passiert. So können er und seine Tochter Christin nicht weiterleben. Ruth hat sie ja schon verscheucht.

Trotz der Abweisungen, die ihm seine Frau tagtäglich zuteilwerden lässt, versucht er nach wie vor jeden Wunsch von ihren Augen abzulesen.

Heute wird Gustav sich jedoch nicht abweisen lassen; einen Tisch in dem gemeinsamen Lieblingslokal an der nächsten Straßenecke hat er bereits reserviert.

Der heutige Tag ist günstig, Christin ist bei ihrer Freundin Monika zum Geburtstag eingeladen.

Er glaubt, bei einem guten Essen und in netter Atmosphäre ein offenes Wort über den Zustand ihrer Ehe reden zu können. Er liebt seine Gudrun immer noch über alles, obwohl er feststellen muss, dass sie sich seit Christins Geburt immer mehr vernachlässigt und ihr Aussehen schludriger wird.

Auf dem Nachhauseweg holt er im Blumenladen noch geschwind Gudruns Lieblingsblumen, die zuvor bestellten Gladiolen, ab. Schnellen Schrittes und hoch motiviert läuft er nach Hause. Er nimmt drei Stufen auf einmal, um schneller bei ihr zu sein.

Das Treppensteigen ist für Gustav ein tägliches Ausdauertraining.

Oftmals sprintet er nur so aus Spaß mit Christin mehrmals hintereinander die Stufen nach oben und wieder nach unten. Dieses Spiel wiederholen sie so lange, bis einem von beiden die Puste ausgeht.

Bei diesem Gedanken umspielt ein kleines Lächeln seine Lippen.

Oben angekommen, öffnet er leise die Wohnungstür.

In der linken Hand hält er die Gladiolen bereit. Auf Zehenspitzen betritt er die Wohnküche.

Gustav zaudert. *Was sind das für Geräusche? Christin kann eigentlich noch nicht von* der *Freundin zurück sein,* wundert er sich. Sachte nähert er sich dem Hörbaren und bleibt abrupt vor der Schlafzimmertür stehen.

Die Töne, die jetzt immer lauter werden, rauben ihm den Atem.

Die Tür ist nur leicht angelehnt und Gustavs Augen wandern ungläubig auf das gemeinsame Ehebett.

Was er dort sieht, reißt ihm die Füße vom Boden.

Er glaubt zu spüren, wie er in ein tiefes, düsteres Loch fällt. Sein Brustkorb zieht sich zusammen und schnürt ihm die Luft zum Atmen ab. Schwarze Kreise tanzen vor seinen Augen, in einem Bruchteil von Sekunden spürt er, wie ihm der Schweiß in den Nacken kriecht.

Mit Gewalt versucht er den Blick von den beiden Liebenden zu lösen.

Es gelingt ihm nicht; wie ein Magnet bleiben seine Augen auf den beiden haften.

Als sei er im Boden einbetoniert, bleibt er stehen und ist keiner Bewegung fähig. Gleichzeitig hämmert ihm jemand mit einem Meißel nur einen einzigen Satz in seinen Kopf: *Deine Frau liegt mit einem Liebhaber im gemeinsamen Ehebett!*

Mit einem Paukenschlag findet er jäh in die Realität zurück und realisiert, was sich da gerade abspielt. Wie in einem Film laufen die Liebesnächte, die er mit Gudrun verbracht hat, ab. Sein Körper durchlebt Wechselbäder der Gefühle, heiß und kalt, innig und hasserfüllt.

Er ist starr vor Schreck und muss zusehen, wie seine Gudrun es mit diesem Kerl genauso heiß treibt, wie sie es mit ihm getrieben hat.

Grell geschminkt, mit durchsichtigen schwarzen Dessous stöhnt sie vor sich hin und leckt permanent an ihren knallroten Lippen.

Fassungslos schließt er seine Augen, ihm wird speiübel und die Blumen fallen ohne sein Dazutun auf den Boden, als er weiter folgert.

Diesen Hänfling von Kerl mit dem pechschwarzen Lockenkopf habe ich noch nie zuvor gesehen.

Dieser Bastard treibt meine Gudrun in Ekstase, was mir in letzter Zeit nicht mehr gelungen *ist.*

Deshalb ist sie also so abweisend und gefühlskalt zu mir!

Sie hat einen Liebhaber!
Wie lange geht das schon?
Oh mein Gott, und ich habe nichts bemerkt – was bin ich doch nur für ein Hornochse!

Wie Schuppen fällt es ihm von den Augen. Gustav fühlt sich verraten. Kreise hüpfen wild vor seinen Augen, während er hofft, aus diesem abscheulichen Albtraum aufzuwachen.

Jäh wird ihm bewusst, dass er sich in der knallharten Realität befindet.

Er fühlt sich im wahrsten Sinne des Wortes genarrt. Nur mühsam kann er seinen Schmerz und den verletzten Stolz unterdrücken.

Er fühlt sich wie paralysiert, doch eine Stimme in seinem Kopf befiehlt ihm, sich auf den Kerl zu stürzen und ihn mit der Axt aus dem Haus zu jagen.

Gustav hört nicht auf diese Stimme in seinem Kopf und reagiert ausnahmslos entgegengesetzt!

Mit Gewalt wendet er seinen Blick von den Liebenden ab. Wie in Trance dreht er sich in Richtung der Wohnungstür, öffnet sie leise und stolpert regelrecht aus der gemeinsamen Wohnung.

Unten angekommen, schlägt ihm eine Faust dermaßen stark in den Magen, dass er sich an der Hausecke übergeben muss. Dieser große blonde Mann fällt wie ein Klappmesser in sich zusammen.

Er vermag sich kaum noch auf den Beinen zu halten. Die Menschen, die an ihm vorbeihasten, schütteln angewidert den Kopf und murmeln beleidigende Worte.

Verzweifelt, ohne einen klaren Gedanken fassen zu können, irrt Gustav durch die Straßen der Stadt.

Böse Rachegefühle reifen in ihm.

Ich muss meinen Widersacher töten!
Oder lieber das hinterlistige Weib!
Oder doch am besten beide?
Oder vielleicht mich selbst!

Vor seinem inneren Auge sieht er die zunächst langsamen, dann immer schneller werdenden lustvollen Bewegungen seiner Frau auf dem Bauch des fremden Mannes. Ihre schweißnassen Haare kleben in ihrem Gesicht.

Obszöne Töne verlassen ihre grell geschminkten roten Lippen, die sie ständig mit ihrer Zunge befeuchtet.

Er versucht diese Bilder mechanisch mit seinem Handrücken von seiner Stirn zu wischen.

Es gelingt ihm nicht!

Keine wohlgesonnene Seele ist in diesem Augenblick für ihn erreichbar! Spontan muss er an Ruth, seine Stieftochter, denken. Schaudernd wird ihm bewusst, wie weh er ihr getan haben muss.

Die Hoffnung auf eine glückliche Zukunft mit seiner Frau erlischt wie der Docht einer abgebrannten Kerze.

Betrunken vom Selbstmitleid irrt er weiter durch die Straßen.

Gustav registriert nicht, dass er in die Abenddämmerung gelaufen ist. Seine Gedanken kreisen wie dunkle Wolken, die kurz vor dem Entladen stehen.

Eine Stimme in seinem Kopf quasselt unaufhörlich auf ihn ein:

Du fühlst dich einsam und du spürst eine kalte Leere in dir, die deine Seele frieren lässt. Du irrst in der dunklen Nacht ruhelos durch die Straßen und weißt nicht wohin. Du spürst, dass dir etwas fehlt, das du heute verloren hast.

Du spürst einen inneren brennenden Schmerz, den du nicht selbst heilen kannst.

Du wirst nachts nicht mehr schlafen können, weil du keine Wärme mehr spürst, die dein Herz berührt.

Die dunklen Gassen, durch die du gerade gehst, spiegeln deine Gefühle wider.

Diese Gefühle nähren sich von all dem aufgesammelten Müll der letzten Jahre.

Siehst du das flackernde Licht der alten verrosteten Straßenlaterne vor dir, das gespenstische Schatten an die kahlen Häuserwände wirft?

Es sind die Schatten deiner dunklen Gedanken, die wie Dämonen im Mondlicht zucken.

Fragst du dich jetzt, was das alles für einen Sinn hat?

Gustav bleibt abrupt stehen und knallt seinen Kopf immer wieder gegen die vor ihm stehende Hauswand, in der Hoffnung, diese grässliche Stimme aus seinem Kopf zu verbannen.

Er hört erst auf, als er das warme Blut an seiner Schläfe spürt, das langsam an seiner Wange herunterläuft. Die Stimme in seinem Kopf hat sich verabschiedet.

Ohne dass es ihm bewusst ist, irrt er weiter in die Dunkelheit hinein. Er hat jegliches Zeit- und Raumgefühl verloren. Eine innere bittere Leere macht sich in ihm breit. Der ekelhafte und pelzige Geschmack auf seiner Zunge will nicht weichen. Seine Beine versagen und er ist froh, als er die Bank an der Bushaltestelle bemerkt. Stocksteif und innerlich völlig aufgewühlt setzt er sich, als gehöre sein Körper jemand anderem und nicht ihm selbst.

Eine schwarze Regenwolke entleert sich über Gustav. Der Guss ist wie ein Befreiungsschlag für seine Sinne. Trotz des Regens bleibt er wie angenagelt sitzen; er hat keinen Anhaltspunkt, wo er heute und auch zukünftig sein weiteres Leben verbringen soll.

In diesem akuten Augenblick fühlt er nichts mehr, Gudrun hat sein Herz mit brachialer Gewalt aus seinem Körper gerissen.

Dort, wo sein Herz einst gewesen ist, spürt er nur noch ein großes schwarzes Loch. Seine durchnässte Kleidung bemerkt er nicht. Das Wasser trieft ihm von seinem vollen blonden Haar ins Gesicht. Zusammengefaltet wie ein Klappmesser bleibt der große blonde Mann mit den stahlblauen Augen still sitzen und wünscht sich nichts sehnlicher, als ins Nichts zu verschwinden.

Einfach so und auf der Stelle!

Doch die Gedanken in seinem Kopf lassen ihn nicht zur Ruhe kommen. Fest hat er daran geglaubt, dass ihm das Leben nie etwas Heimtückisches antun kann. Doch heute ist er eines Besseren belehrt worden. Im Geist blickt er zurück in seine Vergangenheit.

Gustavs Vergangenheit

Gustav wurde am dritten Januar 1921 in Görlitz/Schlesien geboren. Seine Mutter ist Gefängnisaufseherin und sein Vater Konditor. Sie wohnen am Rande von Görlitz. Seine Großeltern haben einen kleinen Bauernhof mit Hühnern und Gänsen.

Es geht ihnen gut und es fehlt ihnen an nichts, soweit er sich erinnern kann.

Sein älterer Bruder Fred allerdings hat frühzeitig Görlitz verlassen und ist in die Nähe von Heidelberg gezogen. Er selbst wächst zu einem stolzen großen blonden Mann mit breiten Schultern heran.

Seine vollen Haare und seine stahlblauen Augen machen ihn zum Liebling der weiblichen Mitschülerinnen seines Jahrganges. Vielen Mädels seiner Altersklasse bricht er das Herz. 1936 beendet er die Volksschule und nimmt eine Ausbildung als Schlosser an. Nach bestandener Prüfung tritt er Ende 1939 der Schutzpolizei bei und besucht etliche Weiterbildungsseminare, bis er endlich 1943 an Schulungen für die Anwartschaft zur Kriminalpolizei teilnehmen kann. Sein Ehrgeiz ist ungebrochen, sein Aufstieg grandios.

Seinen Eltern ist er für die erhaltene Unterstützung dankbar, nachdem er sein Ziel vom Kriminalanwärter zum Kriminalsekretär erreicht hat.

Eine echte Bindung zu ihnen hat er nicht.

Er ist zufrieden mit seinem Leben und will weiter Karriere machen. Mit Mädels seiner Altersklasse hat er nicht viel im Sinn. Mal hier ein Techtelmechtel, mal dort eine kleine Liebschaft, aber nie etwas Ernstes. Gefühle lässt er nie wirklich an sich heran, dies hat er von seinen Eltern gelernt.

Am sechsten Mai 1945 liegt plötzlich seine Heimatstadt Görlitz unter sporadischem sowjetischem Artilleriebeschuss.

Gustav muss einen Tag später mit noch vielen anderen Männern, darunter auch dem Görlitzer Bürgermeister, aus der Stadt Görlitz fliehen. Sein Entschluss steht fest; er will nach Heidelberg zu seinem fünf Jahre älteren Bruder Fred.

Aus dem Radio und den Zeitungen ist ihm bekannt, dass Heidelberg zu diesem Zeitpunkt bereits bombardiert worden ist. Er hofft dennoch fest, seinen Bruder unversehrt wiederzutreffen, obwohl er sich kaum noch an sein Aussehen erinnern kann. Fred wohnt inzwischen in Handschuhsheim, einem Vorort im Norden der Stadt Heidelberg. Er braucht wegen seiner Gehbehinderung nicht in den Krieg zu ziehen. Er arbeitet als Schuhwerkzeugmachermeister in der Schuhfabrik Schlierbach.

Gustav packt seine Habseligkeiten zusammen und zieht Richtung Heidelberg. Sechzehn Wochen ist er unterwegs; sein Weg ist mühsam und er erinnert sich ungern daran.

Er muss von Görlitz nach Berlin und illegal über die Zonengrenze nach Frankfurt/Main. Dank eines Freundes bekommt er den heiß begehrten Passagierschein, um Berlin verlassen zu können. Fast 630 Kilometer Fußmarsch hat er vor sich.

Es macht ihm nichts aus, denn er ist durch seinen Beruf als Polizist kräftig und gut trainiert.

Auf dem Marsch nach Heidelberg muss er mit ansehen, wie alles zum Erliegen kommt. Die Dörfer, durch die er zieht, sind verlassen und von Trümmerhaufen umgeben. Schulen sind geschlossen und es herrscht Ausnahmezustand. Gustav ist auf der Hut und marschiert mit wachsamem Blick und angespanntem Körper Kilometer um Kilometer. Er will nicht erwischt werden und bewegt sich oft abseits der Straßen. Er hat kein Verlangen danach, irgendwelchen Roadies oder Plünderern in die Hände zu fallen.

Gustav trifft auf seinem Trip, der sich durch Städte und Dörfer schlängelt, Männer, Frauen und Kinder, die bis auf die Knochen abgemagert sind, so wie er.

Kinder suchen verzweifelt ihre Eltern oder Verwandten. Vielfach gehen sie mit ihm ein Stück des gemeinsamen Weges. Die Kinder fühlen sich bei dem großen blonden Mann sicher begleitet und nicht länger bedroht.

Wohin das Auge sieht, sind Menschen mit dem Wegräumen von Schutt und Asche beschäftigt.

Gustav fühlt sich hilflos, wenn er sieht, wie Männer, Frauen und auch Kinder an Unterernährung oder schweren Krankheiten sterben. Immer wieder trifft er auf frisch ausgehobene Gräber. Manchmal ziert ein schmales Holzkreuz das Grab.

Die Felder, Wege und Straßen sind grau und die Luft riecht nach Schwefel und Unrat.

Auf den Feldern flattern Krähen über totes Viehzeug und machen sich auch über tote Pferde her.

Wenn der Hunger zu mächtig wird, schneidet Gustav sich ab und an selbst ein Stück Fleisch aus dem Kadaver heraus, kocht es in einem alten Topf über einem Lagerfeuer und verzehrt es anschließend.

Die Sohlen seiner Schuhe sind durchlöchert, die Jacke, die er trägt, wird durch einzelne Fetzen und den Staub der Straße zusammengehalten. Die Hose bindet er mit einem alten Strick um seine Lenden, damit er sie beim Gehen nicht verliert.

Jeden Fluss, den er durchquert, nutzt er, um den Dreck und Staub der Straße von sich abzuwaschen. Gustav magert mehr und mehr ab und sieht aufgrund seiner Größe von ein Meter neunzig wie eine männliche Vogelscheuche mit überbreiten Schultern aus.

Auf seinem Weg zum Ziel sammelt er Steine, Sand und Zement. Die Steine nimmt er aus den Trümmern, den losen Putz schlägt er aus zerbombten Häusern mit seinem alten Hammer ab.

Den daraus gewonnenen bröckelnden Zement sammelt er in einem kleinen Leinensack.

Steine, Sand und Zement werden dringend benötigt; pro Stein und zwei Hände voll Zement erhält er bis zu zehn Pfennig.

Für Eisenträgerstücke, die er findet, gibt es eine Extraprämie von zehn Pfennig pro Zentimeter. Ab und zu muss er das gesammelte Gut verteidigen, denn diese Materialien sind heiß begehrt und mancher Bursche würde dafür sicherlich einen Mord begehen.

Er beobachtet Kinder und Jugendliche, die in den Trümmern spielen und nach verborgenen Schätzen suchen.

Es ist belustigend, wenn er die Mädels Schnurkreisel spielen sieht.

Er lächelt, wenn sie auf selbst gebastelten Stelzen zu laufen versuchen. Die Jungs spielen mit Murmeln und knipsen mit Reichspfennigen. Sie spielen Karten mit Deckblättern von Zigarettenschachteln.

Wenn er ihnen zusieht, vergisst er für einen Augenblick das Elend, welches ihn umgibt.

Die Jugendlichen sammeln Kippen, Altpapier und Flaschen und verscheuern diese, um etwas Essbares zu kaufen oder gegen etwas anderes einzutauschen.

Die Landschaft mit ihren blühenden Feldern und Wiesen sieht trotz der milden Temperaturen trostlos und öde aus. Die Bordsteinkanten sind vom Gewicht der Panzer in den Boden gedrückt und einige Gehwege bestehen nur noch aus Schlacken. Er tauscht Steckrüben gegen eine Unterkunft in einer Scheune. So wandert er Stunde um Stunde, Tag um Tag, Monat um Monat durch die verwilderte Gegend.

Ankunft in Heidelberg

Gustav ist erstaunt, dass in dieser Stadt kaum etwas vom dem vorangegangenen Krieg zu erkennen ist. Erleichtert und hoch motiviert marschiert er weiter Richtung Handschuhsheim und hofft inbrünstig, seinen Bruder unversehrt wiederzutreffen.

„Da ist es!", spricht er erleichtert zu sich selbst und sieht sich auf der Straße um.

Ruhig ist es hier, so als hätte der Krieg diesen kleinen Vorort nicht berührt, fließen seine Gedanken weiter.

Bevor er seinen Bruder aufsucht, geht er hoch auf den Berg, den er vor sich sieht. Oben angekommen, saugt er befreit die Luft tief und ruhig mehrere Male ein.

Er prägt sich das unbeschreibliche Bild der unberührten Natur, mit dem Blick in das Tal, tief in sein Herz ein. Vergessen sind für einen kurzen Augenblick die Strapazen, die ihn bis hierher begleitet haben.

Besonnen steigt er den Berg wieder hinunter und freut sich auf das Wiedersehen mit seinem großen Bruder.

Überschwänglich vor Freude begrüßt Fred seinen Bruder Gustav. Er ist erschüttert, diesen so ausgemergelt, krank und mit zerrissener Kleidung vor der Tür stehen zu sehen.

Fred stellt Gustav für einige Wochen seine Couch in seinem kleinen Zimmer zur Verfügung. Beide genießen das Wiedersehen nach so vielen Jahren. Interessiert beobachtet Gustav seinen großen Bruder.

Er ist im Gegensatz zu mir kleiner, mit einem Bauchansatz und lichtem Haar. Die Geheimratsecken stehen ihm gut. Nie hätte ich Fred auf der Straße wiedererkannt – ob er wirklich mein richtiger Bruder ist?

Nach seiner Genesung meldet sich Gustav bei den Amerikanern zur Entnazifizierung. Er bleibt zwölf Wochen in Gefangenschaft. Nach der Entlassung wird er von der US-Militärpolizei in Heidelberg in den Bereich der Polizeiaufgaben aufgenommen und vorübergehend als Teilzeitkraft mit vielfältigen Varianten eingestellt.

Er hat Glück und bekommt die Anweisung, sich bei der Heidelberger Polizei zu melden. Dort fehlt es an allen Ecken und Enden an Ordnungshütern.

Durch den blühenden Schwarzmarkt haben die Polizeikräfte alle Hände voll zu tun, um die Ordnung der Stadt wiederherzustellen. Geräumte Polizeistationen werden neu besetzt.

Gustav wird aufgrund seines Organisationstalentes als Einsatzleiter eines Reviers in Heidelberg eingesetzt.

Das ist zwar nicht das, wovon er träumt, aber immer noch besser, als seinem Bruder auf der Tasche zu liegen.

Schnell etabliert er sich und gewinnt das Vertrauen seines Vorgesetzten. So kommt es, dass er bald eine Zweizimmerwohnung bezieht, die ihm von der Polizeibehörde angeboten worden ist.

Bei dem Gedanken, wie er seine Gudrun kennengelernt hat, muss er trotz des Regens lächeln. Gustav hat sich seither nicht einen Millimeter von der Bank fortbewegt. Er scheint wie angewurzelt und ist völlig geistesabwesend. Er bemerkt nicht, wie mitleidige Blicke ihn streifen.
Erneut schweift er ab in seine Vergangenheit, während der Regen weiter unaufhörlich auf seine vollen blonden Haare tropft.

An einem Samstagabend hat er sich mit einem Kollegen in der nächstgelegenen Tanzbar verabredet. Beide wollen mal auf andere Gedanken kommen und nicht wie saure Gurken durch den Tag laufen.

In dieser Tanzbar treffen sich jeden Samstag ab 22 Uhr Singles, die den grausamen Krieg vergessen wollen. Genau an diesem Abend soll Gustav sein Glück finden. Unaufhörlich schielt er zu der dunkelhaarigen, zierlichen Frau am Nachbartisch.

Er kann sich gar nicht mehr von ihrem Anblick lösen, er ist hoffnungslos weggetreten. *Es fühlt sich an wie Magie,* denkt Gustav. *Nein, es IST Magie; so klein und zierlich, und wie sie mich mit ihren dunkelbraunen Kulleraugen ansieht ... oder sieht sie etwa einen anderen an?*

Oh Mann, sie hat so einen melancholischen Gesichtsausdruck, so traurig oder doch eher verrucht?

Ob ich sie zum Tanz auffordern soll?, kurbelt es in seinem Kopf weiter, während er unauffällig in ihre Richtung späht, um in Erfahrung zu bringen, ob bereits ein anderer Mann ein Auge auf sie geworfen hat.

Die Musik mit dem Lied von Zarah Leander, „So glücklich wie du und so selig wie ich", erklingt.

Wie von Geisterhand gezogen bewegt Gustav sich in Richtung dieser jungen dunkelhaarigen Schönheit, die er heimlich Schneewittchen nennt, und fordert sie zum ersten Tanz dieses Abends auf.

Beide sprechen kein Wort. Sie lassen sich treiben von der sanften Melodie, während sie in das Tal der Verliebtheit versinken. Ohne auch nur ein Wort zu wechseln, spüren beide, dass ihre Herzen ineinander verschmelzen.

Sie tanzen die ganze Nacht eng umschlungen und können nicht voneinander lassen.

Gudrun, seine Angehimmelte, ist leicht wie eine Feder, und Gustav hält ihre zierliche Taille umschlungen.

Gesprochen haben sie wenig an diesem Abend, denn zu zauberhaft ist dieses Kribbeln im Bauch und die Aura der Verliebtheit, um sie durch Worte zu unterbrechen.

Nachdem das letzte Lied verklungen ist, fahren sie gemeinsam in Gustavs Wohnung.

Vereint tauchen sie ein in den schönsten Rausch, den ein Mensch nur haben kann.

Sie versinken ineinander wie Ertrinkende und können nicht mehr voneinander lassen. Ihnen wird unmittelbar klar, dass sie zusammengehören, so als wären sie füreinander geschaffen. Sie sind überglücklich, dass die Suche nach Geborgenheit und Liebe hier ein Ende gefunden hat.

Für Gustav ist es kein Problem, dass Gudrun ihre kleine Tochter Ruth mit in die Ehe bringt.

Gudruns Mann ist während ihrer Schwangerschaft im Krieg gefallen. Gustav liebt Ruth wie seine eigene Tochter.

Als sieben Jahre später seine Christin geboren wird, ist das Glück für Gustav perfekt.

Eine trostlose Zukunft

Ein trockenes Schluchzen lässt Gustav plötzlich aufschrecken. Er registriert, dass es sein eigenes verzweifeltes Schluchzen ist.

Völlig durchnässt und steif, wie ein alter Mann, erhebt er sich von der Bank und tritt, völlig neben der Kappe, den Heimweg an.

Gustav hat einen Entschluss gefasst. Schwerfällig, als trage er einen Zweizentnersack auf den Schultern, geht er die Treppen nach oben.

Wortlos packt er seine Sachen, legt den Wohnungsschlüssel auf den Tisch, sieht Gudrun unwirsch an und verlässt stillschweigend die gemeinsame Wohnung.

Er schafft es seelisch nicht mehr, mit ihr in einem Bett zu schlafen. Es zerreißt ihm das Herz und er kann und will sie nicht mehr ansehen müssen. Der Schmerz, der verletzte Stolz und die andauernden Bilder vor seinem inneren Auge lassen es nicht zu, anders zu agieren.

Er lässt sich aus gesundheitlich-seelischen Gründen von dem Polizeidienst auf unbestimmte Zeit beurlauben und zieht vorübergehend zu seinem Bruder Fred.

Einige Wochen später kehrt Gustav zurück und beobachtet – wie vom Teufel besessen – den Türeingang zu seiner ehemaligen Wohnung, in der Gudrun noch mit Christin wohnt. Es schmerzt ihn unsagbar, seine Tochter nicht mehr sehen und in den Arm nehmen zu können. Schweren Herzens hat er sich dazu entschlossen, Christin aus dem Ehekrieg herauszuhalten. Zu einem späteren Zeitpunkt, wenn er selbst wieder innerlichen Halt gefunden hat, will er Kontakt zu ihr aufnehmen.

Eines Tages, als er abermals wie vom Teufel getrieben vor dem Haus seiner Wohnung steht und beobachtet wer dort ein und aus geht, erkennt er den pechschwarzen Haarschopf, der gerade pfeifend und tänzelnd das Haus verlässt. Gustav strafft instinktiv seinen Körper, geht kampflustig auf ihn zu und drängt diesen Mann, der seiner Meinung nach seine Ehe kaputt gemacht hat, in die nächste Ecke eines Innenhofes.

Dort entlädt er seinen Zorn und seinen Hass, der sich in den vergangenen Wochen bei ihm aufgestaut hat. Blind vor Wut prügelt er auf diesen Burschen ein, der mittlerweile am Boden liegt und schützend seine Hände über das Gesicht hält.

Gustav kommt zur Besinnung, als eine vorbeigehende Passantin nach Hilfe ruft. Kopflos, als sei der Teufel persönlich hinter ihm her, rennt er die Straße hinunter.

Schockiert über sich selbst, dass er sich zu solch einer Tat hat hinreißen lassen, steht sein Entschluss fest!

Gustav versetzt alles, was er besitzt, im nächsten Pfandhaus. Er hat nur noch ein Ziel: raus aus den Mauern dieser Stadt, weg von den Menschen, die ihn zur Ohnmacht treiben und sein Leben vernichtet haben.

Mit einem alten Militärrucksack, einer Wolldecke und einer Plastiktüte, vollgestopft mit Zahnbürste, Socken und einem Satz Wäsche zum Wechseln, verlässt er Heidelberg.

Die Straße wird sein Zuhause und mit Gleichgesinnten verbringt er die Nächte unter Brücken, in Ruinen und auf Bahnhöfen.

Er fühlt sich frei und unabhängig und verdrängt den Gedanken an seine gescheiterte Ehe. Es fühlt sich gut für ihn an, aus dem Zwang der Gesellschaft ausgestiegen zu sein. Mit brachialer Gewalt verdrängt er den Gedanken an seine Tochter Christin.

Abend für Abend wärmt er sich mit einer Flasche billigem Fusel auf und ertränkt damit seinen tiefen seelischen Schmerz. Mit Gelegenheitsarbeiten verschafft er sich das Geld, das er zum Leben braucht. Sein ohnmächtiger Zorn treibt ihn von Stadt zu Stadt und von Dorf zu Dorf.

Gustav vereinsamt immer mehr, von Gleichgesinnten hält er sich fern. Seine blonden Haare, die ihm mittlerweile bis zur Schulter reichen, hält er mit einem Haargummi zusammen. Sein Gesicht ist ergraut vom Staub der Straße und sein langer blonder Bart, der über das Kinn reicht, lässt ihn alt erscheinen.

Wenn die Flasche mit dem Fusel fast leer ist, jammert er im Inneren seines Herzens seiner unerfüllten Liebe und seiner Tochter Christin hinterher.

Ab und zu schreibt er einen Brief an Christin und versucht darin zu erklären, warum er sie so sang- und klanglos verlassen hat. Als Absender gibt er ein Postfach in der nächstgelegenen Stadt an. Im Inneren seines Herzens hofft er, dass seine Tochter ihm irgendwann verzeihen wird, wenn sie die wahre Geschichte kennt.

Bis dahin wird sie erwachsen sein.

In den vergangenen Monaten hat er viel an Ruth gedacht. Er verspürt ein starkes Verlangen, ihr Abbitte zu tun. Ihm wird immer mehr bewusst, wie sehr er sie verletzt haben muss. Er wünscht und hofft inständig, es irgendwann wiedergutmachen zu können.

Die letzten warmen Tage haben sich verabschiedet. Das kalte, trostlose Winterwetter hält Einzug. Die Nächte werden bitterkalt. Gustav liegt mit einigen Gleichgesinnten eng zusammengerückt unter einer Eisenbahnbrücke in Balingen. Es gibt kaum Decken, nicht genug, um alle zu wärmen. Wie selbstverständlich rücken sie solidarisch zusammen und teilen sich den übrig gebliebenen Fusel.

Mit Gustavs letztem Schluck aus der Flasche erfassen ihn plötzlich ohne jegliche Vorwarnung fürchterliche Magenkrämpfe. Die unerträglichen Schmerzen zwingen ihn, sich am Boden zu wälzen. Beherzt fassen seine Zeitgenossen Gustav unter die Arme und zerren ihn hoch auf die Straße. Mit ihren letzten Kröten rufen sie aus der nächsten Telefonzelle den Krankenwagen. Gustav wird notoperiert, die Magenwand ist durch ein Geschwür perforiert und dadurch ist es zu einem Durchbruch in den Bauchraum gekommen.

Gustav hat sein Leben den Kumpanen der Straße zu verdanken. Freuen kann er sich darüber nicht; in dieser Nacht wäre er lieber dieser Welt entflohen.

Der lange Krankenhausaufenthalt zwingt Gustav nach dieser schweren Operation zum Nachdenken.

Er entschließt sich wieder in das normale Leben zurückzukehren. Die Straße hat ihn gelehrt, dass es Beklagenswerteres als eine verlorene Liebe gibt.

Er will mit seinem Leben wieder ins Reine kommen und den Kontakt zu Christin erneut aufnehmen. Bei dem Gedanken an seine Tochter wird ihm schwer ums Herz.

Bestimmt ist sie inzwischen eine hübsche kleine Dame mit Engelshaaren geworden, schießt es ihm durch den Kopf.

Gustav findet in der Nähe von Balingen einen Job auf einer kleinen Polizeistation im Archiv.

Er reicht die Scheidung ein und nimmt die Schuld auf sich. Seine Frau sieht er das letzte Mal vor Gericht. Die Hoffnung, Christin, die fast zwölf Jahre alt ist, regelmäßig zu besuchen, zerplatzt wie eine Seifenblase. Seine Frau Gudrun bekommt das alleinige Sorgerecht. Gustav gibt jedoch nicht auf und schreibt Christin regelmäßig Briefe. Er hofft, dass seine Tochter zumindest so an seinem Leben teilhaben wird. Christin antwortet jedoch nicht auf seine Briefe.

Christin in Berlin, 28. Juli 1964

Spät am Abend klingelt es Sturm an Ruths Wohnungstür. Sie wohnt nach wie vor in Berlin Steglitz in ihrer Souterrainwohnung.

Barfuß geht sie zur Tür und fragt sich stirnrunzelnd, wer so spät noch zu ihr will. Sie erschrickt, als sie den Namen Christin hört, und weiß nicht, wie sie sich verhalten soll. Ihre Gedanken überschlagen sich.

Was will die denn hier?! Das kann nichts Gutes heißen. Was macht sie alleine in Berlin?

Oder ist etwa die ganze Familie gekommen?

Das ist eher unwahrscheinlich, ich habe doch seit fünf Jahren keinerlei Kontakt mehr. Woher hat sie meine Adresse? Sie kann nicht allein gekommen sein, sie ist doch erst vierzehn, und so, wie sie aussieht, ist sie bestimmt schon länger unterwegs.

Zögerlich öffnet Ruth die Wohnungstür. Sie kann nicht glauben, was sie sieht. Vor ihr steht tatsächlich ihre kleine Schwester. Sie stinkt, als hätte sie im Schweinestall übernachtet. Ihre Augen wirken stumpf und abwesend, ihr Haar ist verfilzt und sie ist bis auf die Knochen abgemagert. Die Augen treten aus ihren Augenhöhlen, dunkle Augenringe lassen ihr hübsches Gesicht älter aussehen. Die Wangenknochen treten stark hervor. Ihre Ärmchen sind so dünn wie Streichhölzer. Die Hose mit dem Schlag und das T-Shirt stehen vor Dreck. Ruth zieht sie geistesgegenwärtig in die Wohnung.

Christin spricht kein Wort, sie scheint zu erschöpft, um irgendetwas äußern zu können.

In Ruths Kopf rasen die Gedanken derweil unaufhörlich weiter: *Wie kommt sie verdammt noch mal nach Berlin? Wie ist das möglich? Sie feiert doch gerade ihren vierzehnten Geburtstag. Wie lange muss sie denn schon unterwegs gewesen sein? Wie hat sie es nur geschafft, so viele Kilometer von Durlach nach Berlin zurückzulegen? Ich weiß es doch aus eigener Erfahrung, dass Karlsruhe nicht gleich um die Ecke ist.*

Ruth ist einfach nur sprachlos. Sie glaubt, gerade eine Fata Morgana zu erleben. Ruth empfindet Mitleid mit dem Wesen, das so hilflos und zerbrechlich vor ihr steht. Vergessen ist für einen Augenblick, was ihr die kleine Schwester alles angetan hat.

Ohne ein Wort zu verlieren, hilft Ruth ihr unter die Dusche. Sie wäscht ihr die verfilzten Haare und reinigt ihren schmalen abgemagerten Körper. Nichts Begehrenswertes mehr ist an ihr zu erkennen. Ein Wrack aus Fleisch und Blut steht vor ihr.

Bestürzt erkennt sie Einstiche im Ellenbogenbereich und zwischen den Fußzehen.

Entsetzt begreift sie, dass ihre kleine Schwester drogenabhängig ist.

Nach dieser schockierenden Erkenntnis muss sie sich erst einmal setzen.

Wie ein scheues Reh schaut Christin Ruth mit flehenden Augen an, als wolle sie sagen: „Schick mich jetzt nicht weg!"

Ruth, immer noch bestürzt, stellt Christin einen Teller mit belegten Broten und eine Flasche Wasser hin.

Zwischenzeitlich richtet sie stillschweigend den Schlafsessel, den sie immer benutzt, wenn eine Freundin bei ihr übernachtet. Christin schaut sie dankbar an und legt sich, nachdem sie einige kleine Bissen heruntergewürgt hat, hin und schläft sofort ein.

Nach langem Grübeln fällt auch Ruth in einen unruhigen und viel zu kurzen Schlaf.

Leise, um ihre Schwester nicht zu wecken, steht sie auf, um Kaffee zu kochen. Sie stutzt – Christin ist weg – einfach so.

Sie ahnt, was geschehen ist, und eilt zu ihrer Handtasche. Sie kramt ihr Portemonnaie hervor und sieht hinein. Alles weg – ihr restlicher Lohn von 60,00 DM – einfach weg.

Ruth brüllt und schimpft vor Enttäuschung darüber, dass sie ein solch weiches Herz besitzt, obwohl sie doch ihre Schwester kennt.

Wütend und völlig außer sich geht sie mit sich selbst ins Gericht. *Wie konnte ich mir nur einbilden, dass sie sich geändert hat! Ausgerechnet mein letztes Geld für den Rest des Monats ist weg. Wie konnte ich nur so dumm und naiv sein! Ich habe es nicht anders verdient, ich bin ja selbst schuld, dass ich sie reingelassen habe.*

Ruth schwört sich, es nicht noch einmal zuzulassen.

Ich werde Christin nie wieder in meine Wohnung lassen, soll sie doch bleiben, wo der Pfeffer wächst.

Am meisten ärgert sie sich darüber, dass Christin sich nicht geändert hat. *Ich mochte sie vom ersten Tag ihrer Geburt an nicht,* denkt sie wütend. *Trotzdem ist sie meine Schwester, leider.*

Ruth zieht sich schimpfend eine leichte Jacke über und läuft erbost zur nächsten Poststation.

Jetzt muss ich auch noch meine letzten Kröten für ein Telegramm ausgeben, damit wenigstens Vater weiß, wo Christin sich aufhält. Vielleicht sind sie ja ihr gegenüber schuldbewusster und schalten die Polizei ein, grummelt Ruth weiter vor sich hin.

Im Telegramm erklärt sie, dass Christin sich in Berlin aufhält. Die Telefonnummer ihrer Nachbarin gibt Ruth ebenfalls an, in der Hoffnung, dass sie zurückrufen.

Am späten Nachmittag ruft die Nachbarin sie ans Telefon. *Das ging aber schnell,* denkt Ruth und sprintet die zwei Etagen nach oben, bedankt sich kopfnickend und nimmt den Hörer entgegen.

Ruth schreit fast in die Hörmuschel: „Mutter, deine Christin hält sich in Berlin auf. Du solltest schleunigst die Polizei einschalten, damit sie wieder zu euch zurückgeführt wird. Sie ist doch erst vierzehn. Übrigens, ich weiß nicht, ob du das weißt, Christin ist drogenabhängig.

Mutter? Hast du mich verstanden? Jetzt sag doch etwas!"

Es ist still in der Leitung.

„Ja Ruth, ich habe dich verstanden. Keine Ahnung, was ich machen soll, Christin ist fast zwölf Monate nicht auffindbar gewesen. Euer Vater wohnt auch nicht mehr hier, ich überlege mir etwas und rufe dich wieder an."

Ruth hört, wie es in der Leitung knackt. Sie ist fassungslos, dass der Hörer einfach aufgelegt wird.

Kopfschüttelnd über das einseitige, emotionslose Gespräch legt sie ebenfalls den Hörer auf die Gabel. „Unglaublich", murmelt sie laut vor sich hin.

Wie kann eine Mutter so gleichgültig über die Mitteilung, dass ihr Kind süchtig ist, hinweggehen?

Dankend verlässt sie die Wohnung ihrer Nachbarin und grübelt: *Mutter ist schuld, dass Christin sich so negativ entwickelt hat. Keiner wird süchtig und egoistisch geboren, nicht mal meine Schwester Christin.*

Am späten Abend klingelt es erneut an Ruths Wohnungstür.

Diesmal, nachdem sie erkannt hat, wer vor der Tür steht, öffnet sie nicht. Der Stachel der Enttäuschung sitzt einfach zu tief. Fast zwei Stunden klopft, trommelt und klingelt es an ihrer Tür.

Als die Nachbarin von oben aus dem Fenster schreit, dass sie die Polizei rufen werde, hört es auf.

Es wird abrupt still, zu still. Ruth hört, wie sich Schritte entfernen, schleppend.

Ihr zerreißt es schier das Herz, aber sie will sich nicht noch einmal diesem seelischen Stress aussetzen.

Niedergeschlagen geht sie an diesem Abend schlafen. Unheilvolle Träume begleiten sie durch die Nacht.

Ruth hat den Vorfall mit ihrer kleinen Schwester schon fast vergessen, aber dann, während des Frühstücks am 2. August 1964, schlägt sie die Berliner Zeitung auf und liest die Schlagzeilen:

An der U-Bahn, Bahnhof Neukölln, ist ein ca. 14-jähriges Mädchen in der Frauentoilette tot aufgefunden worden. Die Polizei vermutet, dass sich das Mädchen den goldenen Schuss gesetzt hat.

Ruth starrt bestürzt auf das abgebildete Foto. Verschwommen liest sie weiter: *Hinweise zu diesem Mädchen wird von jeder Polizeistelle entgegengenommen.* Ruth zuckt zusammen und schüttelt ungläubig den Kopf. Eine Faust bohrt sich erbarmungslos in ihren Magen, ihr Brustkorb verengt sich, die Luft wird ihr abgeschnürt. Zahllose bunte Punkte kreisen vor ihren Augen.

Unerklärbare Angst und Panik erfassen sie augenblicklich. Ihr wird übel, alles um sie herum dreht sich und sie muss sich übergeben. Ob sie es will oder nicht, Tränen der Trauer laufen ihr über das Gesicht. Niedergeschmettert fragt sie sich: *Was habe ich nur getan? Ich habe meine Schwester auf dem Gewissen! Warum habe ich ihre Not nicht erkannt und es verhindert?* Die Gedanken hämmern in ihrem Kopf, als ob sie mit einem Presslufthammer eine Betonwand durchbrechen will. Ein Gefühl der Hilflosigkeit übermannt sie.

Habe ich Mitschuld am Tod meiner Schwester? Wie hätte ich ihr helfen können? Warum habe ich sie in dieser verhängnisvollen Nacht nicht aufgenommen? Weshalb bin ich so gleichgültig und herzlos geblieben, obwohl ich geahnt und gesehen habe, dass Christin drogenabhängig ist?

Zittrig lässt Ruth sich in den Sessel fallen. Ihre Beine drohen ihren Dienst zu versagen. Leer, ausgelaugt und unendlich verzweifelt zieht sie erneut ihre Jacke an, um den schweren Gang zur Polizei zu tun.

Es grenzt an Magie, dass Ruth in dem regen Berliner Verkehr schadlos in der Wache ankommt.

Wie in Trance geht sie die dunklen langen Gänge entlang, bis sie vor dem ihr genannten Eingang des Kommissariats, vor der Tür von Herrn Kloss steht.

Innerlich zermürbt und mit zittrigen Händen klopft sie an die schwere Tür und wartet, bis sie hereingebeten wird. Der kleine Mann mit Halbglatze und Nickelbrille stellt ihr Fragen, die sie nur mit viel Anstrengung beantworten kann. Ihre Stimme versagt und sie glaubt nur zu krächzen: „Ja, ich bin die Schwester; nein, ich wusste nicht, dass sie sich umbringen wollte."

Tränen fließen unaufhörlich aus ihren grünen schmalen Augen und sie sieht sich außerstande, den Tränenfluss aufzuhalten. Kommissar Kloss bekommt Mitleid mit der kleinen rothaarigen Frau. Er hat das Gefühl, sie jeden Augenblick auffangen zu müssen, so zerbrechlich wirkt sie in diesem Moment.

Ruth wirkt hilflos und abwesend, ihr Gesicht ist kreideweiß. Ihre Augen sehen starr und trübe an dem Kommissar vorbei. Kloss stellt sich vor sie und fragt besorgt: „Soll ich Ihnen einen Krankenwagen rufen? Geht es Ihnen nicht gut? Kann ich etwas für Sie tun?"

Mit brüchiger und niedergedrückter Stimme murmelt Ruth: „Nein, mir geht es nicht gut, und nein, Sie können nichts für mich tun.

Ich will mich nur vergewissern, ob es wirklich meine kleine Schwester ist, die hier tot liegt."

Jäh fühlt sie wieder das Jucken auf ihrem Handrücken.

Seit sie in Berlin ihr eigenes Leben lebt, hat sie dieses Jucken nicht mehr gespürt und fast schon vergessen.

Verstohlen sieht sie, wie klitzekleine Eiterbläschen ihre linke Handoberfläche verändern. Unweigerlich kratzt sie ihre Hand blutig. Ruth spürt, dass ihre linke Hand innerhalb von einigen Sekunden anschwillt. Verlegen steckt sie diese in ihre Jackentasche.

Wie in Trance führt sie den Stift in ihrer rechten Hand und erledigt die notwendigen Formalitäten, soweit sie diese zu erledigen imstande ist.

Kloss beobachtet Ruth beunruhigt, bevor er ihr die entscheidende Frage stellt: „So, Fräulein Lutz …"
„Nein, ich heiße Bogen, meine Schwester heißt Lutz", unterbricht Ruth barsch den Kommissar, bevor sie trotzig weiterspricht: „Es ist meine Halbschwester." Geduldig hört Kloss ihr zu und korrigiert seine Worte: „Also, Fräulein Bogen, sind Sie bereit, Ihre Schwester zu identifizieren? Ihre Mutter haben wir darüber informiert und sie ist damit einverstanden, dass Sie das übernehmen.

Die Staatsanwaltschaft hat eine Obduktion angeordnet, da ja ein Fremdverschulden oder eine Tötung nicht ausgeschlossen werden kann."

Ruth hört überhaupt nicht richtig zu, sie ist damit beschäftigt, sich aufrecht zu halten. Innerlich zerspringt ihr Körper; sie weiß nicht, woher sie die Kraft nehmen soll, ihre kleine Schwester zu identifizieren. *Lieber Gott, lass es ein Irrtum sein, bitte, ich will nicht die Schuld am Tod meiner Schwester tragen,* bohren sich die Gedanken durch ihren Kopf.

Zögerlich betritt sie die Leichenhalle und bleibt jäh vor der Tür stehen. Mit Entsetzen wandert ihr Blick durch den kalten Raum, der mit gelblich-ockerfarbenen Fliesen gefliest ist. Die Decke und der Fußboden sind ebenfalls gefliest, im Grauton.

Oh mein Gott, bin ich jetzt in einer Schlachterei gelandet?, denkt sie entgeistert während sie sich bebend die Hände vor die Augen hält und aufstöhnt.

Mit Gewalt öffnet sie ihre Augen und sieht die einzelnen Deckenlampen, die an den Leichentischen herunterhängen und ein gelbliches, kaltes Licht abgeben.

Mehrere Pritschen mit abgedeckten weißen Tüchern stehen nebeneinander im Raum.

Große graue Kühlboxen oder Ähnliches dominieren den Rauminhalt.

Ein Mann mit dunkel umrandeter Brille und weißem Kittel kommt auf sie zu. Ruth erschrickt und geht automatisch einen Schritt rückwärts.

Ihre Seele schreit: *Warum ausgerechnet wieder ich? Wieso tut mir meine Mutter so etwas an?* Ruth schluchzt verzweifelt auf und geht gefasst, aber zögerlich hinter dem Leichenbeschauer her.

Als er vor der zweiten Pritsche in der Mitte des Raumes stehen bleibt und auf Ruths Zeichen wartet, um die Decke anzuheben, erfasst sie ein Schreikrampf. Ihre Beine versagen ihren Dienst. Schnellen Schrittes geht Kommissar Kloss auf Ruth zu und stützt sie mitleidvoll. Im Inneren ihrer Seele aufs Elendeste aufgewühlt, muss sie sich an der Pritsche festhalten.

Nickend signalisiert sie, dass die Decke, unter der eine Frauenleiche liegt, angehoben werden kann. Friedlich, wie ein schlafender Engel, sieht sie Christin mit geschlossenen Augen auf der Totenbahre liegen.

Nichts ist mehr von ihrem Leiden erkennbar. Ruth dreht sich von der Toten weg. Sie spürt unsagbare Wut in sich aufsteigen, ein nicht beschreibbarer Schmerz, der wie ein loderndes Feuer in ihr tobt, schier nicht mehr zu ertragen ist.

Mit hängenden Schultern, die Hände in den Rand der Pritsche gekrallt, bestätigt Ruth, dass die Tote ihre Schwester ist.

Paralysiert und außerstande, auch nur einen Schritt vor den anderen zu setzen, wird sie behutsam aus der Leichenhalle geführt. Mitfühlend holt der Kommissar Kaffee und Wasser und stellt beides vor ihr auf den Tisch.

Ruth sitzt kreideweiß zusammenquetscht wie ein Ziehharmonika auf dem Stuhl im Zimmer des Kommissariats.

Innerlich nach Hilfe schreiend, fragt sie sich: *Wieso gerade Christin?*

War ihr Leben in den jungen Jahren so aussichtslos und leer? Was war passiert, dass sie derart abgesackt ist?

Sie war doch das Nesthäkchen und Mamas Liebling.

Wieso hat sie das kostbarste Gut, das „Leben", einfach so weggeworfen?

Entrüstet will Ruth vom Stuhl aufspringen, als sie registriert, dass sie an ihren Schultern gerüttelt wird. Wie aus einer anderen Welt hört sie die Stimme des Kommissars Kloss.

„Frau Bogen, hallo, hören Sie mich? Möchten Sie den Rucksack Ihrer Schwester mitnehmen oder sollen wir den an Ihre Eltern schicken?"

Noch immer hat sich der Klumpen in Ruths Hals nicht gelöst, also nickt sie zur Verständigung und drückt mit trockener Kehle mühevoll die Worte heraus:

„Ich nehme den Rucksack an mich! Kann ich nun gehen oder muss ich noch etwas unterschreiben?

Wann wird denn die Leiche meiner Schwester freigegeben?"

Nach einer kurzen Gedenkpause erklärt Kloss ihr behutsam: „Wir werden Sie informieren, sobald wir alle Formalitäten und Unterschriften der Erziehungsberechtigten Ihrer Schwester haben.

Es muss noch geklärt werden, wer die Kosten für die Beerdigung übernimmt. Hier, nehmen Sie den Antrag und füllen Sie diesen aus. Geben Sie ihn dann bitte beim Amt für Soziales ab.

Ihre Mutter besteht auf eine einfache Beerdigung, da sie selbst nicht die Mittel besitzt.

Bis ihr Vater gefunden ist, kann die Beerdigung nicht warten.

Deshalb übernimmt das Amt vorerst die Beerdigungskosten und klärt die Rückerstattung der Beträge im Nachhinein mit Ihren Eltern.

So wie es aussieht, bekommt Ihre Schwester eine Art Armenbeisetzung."

„Mein Gott", stöhnt Ruth vor Verzweiflung laut auf, „ich finde eine Lösung. Christin soll eine schlichte, aber schöne Beerdigung bekommen, sie war doch noch ein Kind."

Nachdem alle Formalitäten geklärt sind, verabschiedet sich Ruth in tiefster Trauer von Kommissar Kloss.

Zu Hause angekommen, schmeißt sie den verschlissenen Rucksack ihrer Schwester achtlos in eine Ecke. Erschöpft von dem Erlebten lässt sie sich auf ihre Couch fallen und legt geistesabwesend eine Decke über ihre Füße.

Sie fühlt sich völlig ausgepowert und furchtbar allein gelassen.

Sie spürt eine eiskalte Leere in ihrer Seele, die sie frieren lässt.

Tatsächlich fällt sie in einen leichten, unruhigen Schlaf und träumt von dunklen Gassen, die ihre Gefühle der Trostlosigkeit und Trauer widerspiegeln.

Das flackernde Licht einer alten, verrosteten Straßenlaterne wirft gespenstische Schatten an die kahlen Hauswände.

Schatten, die wie Dämonen im Mondlicht zucken, kommen auf sie zu.

Erschrocken wacht sie auf und stellt fest, dass es bereits sechs Uhr in der Frühe ist.

Deprimiert fragt sich Ruth: *Was hat das Leben noch für einen Sinn*? Tiefe Trauer und Niedergeschlagenheit übermannen sie erneut.

Sie fühlt eine tiefschürfende Leere und Hoffnungslosigkeit in ihrem Herzen. An diesem Morgen fasst sie den Entschluss, einige Tage Urlaub zu nehmen. Ihrem Vorgesetzten der Landesversicherungsanstalt (LVA) erklärt sie kurz den Sachverhalt.

Weinend informiert Ruth Tante Odette, dass ihre kleine Schwester tot ist. Sie klagt über die Herzlosigkeit ihrer Mutter, die es nicht für notwendig hält, zur Beerdigung zu kommen.

Odette, zutiefst entsetzt über die Hartherzigkeit ihrer Schwester Gudrun, übernimmt einen Teil der Beerdigungskosten. Unmittelbar nach dem

Telefongespräch mit ihrer Schwester Gudrun bricht Odette den Kontakt zu ihrer Schwester endgültig ab.

Seit einigen Tagen starrt Ruth auf den Rucksack. Die Angst, diesen zu öffnen, hat sie überwunden. Nach und nach holt sie die paar Habseligkeiten, die ihre Schwester mit sich geführt hat, aus dem Sack.

Jedes Stück, das sie in ihre Hände nimmt, lässt sie erschaudern. Die Tränen hören nicht auf zu fließen.

Ihr Gesicht ist stark verquollen und die Augen sind gerötet. Nach und nach wirft sie den Inhalt aus dem Rucksack in den Mülleimer.

Zerrissene Socken, verlotterte Hosen, einen alten Strick, vergammeltes Brot, blutverschmierte Spritzen, Nadeln und loses Zettelwerk.

Um sich zu vergewissern, ob sie wirklich alles entnommen hat, fasst sie erneut in den Rucksack.

„Was ist das denn?", murmelt Ruth und greift nach etwas Hartem in der Seitentasche.

Es ist ein ziemlich speckiges und schon zerfleddertes Tagebuch.

Wie von magischer Hand geführt schaut sie auf das Buch und dreht es unschlüssig von links nach rechts und dann wieder andersherum.

„Vielleicht finde ich ja hier in diesem Büchlein den Grund, warum du so abgestürzt bist", murmelt sie vor sich hin.

Ruth lässt sich auf ihr Bett fallen und liest die ersten Zeilen.

Christins Tagebuch

Dich habe ich heute zu meinem dreizehnten Geburtstag von meiner besten Freundin Monika bekommen. Ich freue mich sehr darüber und ab sofort wirst Du mein ständiger Begleiter sein.

Meine Freude, meinen Frust, meinen Ärger, meine Sorgen und vieles mehr wirst Du mit mir teilen. Das verspreche ich mir selbst. Ich werde Dich Mali nennen.

Tagebucheintrag 10. August 1963

Hallo Mali, heute, 10. August 1963, habe ich was ganz Tolles erlebt. Ich habe mich verliebt! Ist das nicht irre? Stell Dir vor, Werner will mich heute Nachmittag zu einem Eis einladen.

Er sieht so toll aus mit seinen schwarzen Haaren, die ihm bis an den Po reichen. Seine Augen funkeln wie Sterne, wenn er mit mir spricht. Er lächelt mich so schüchtern an, dass es mir ganz warm ums Herz wird. Sein Grübchen am Kinn macht ihn so wahnsinnig sympathisch.

Heute hat er mich das erste Mal auf dem Schulhof angelächelt und ich bin fast in Ohnmacht gefallen.

Es macht mich stolz, dass er ausgerechnet mich ausgesucht hat, denn viele Mädels aus unserer Klasse träumen davon, ihn als Freund zu haben. Er wirkt immer total cool und schon so erwachsen. Seit dem Tag, als er mich das erste Mal angelächelt hat, habe ich dieses Kribbeln in meinem Bauch und es will einfach nicht nachlassen.

Ich könnte den ganzen Tag mit den Schmetterlingen jubeln, tanzen und singen. Er findet mich übrigens auch ganz toll, das hat er mir in einem Brief geschrieben.

Er ist drei Jahre älter als ich, aber das macht ja nichts. Er will nur mich, das ist alles, was zählt. Es fällt mir schwer, mich auf den Unterricht zu konzentrieren, denn egal, wo ich stehe, sitze oder gehe, immer sehe und fühle ich Werner.

Tagebucheintrag 16. August 1963

Hallo Mali, heute treffe ich mich das erste Mal mit Werner.

Das Eiscafé ist voll besetzt und ich sitze nervös, mit meinem Popo hin und her rutschend, am Tisch. Mit meinen leicht geröteten Wangen, den blonden langen Locken, den blauen Augen und meinem Schmollmund merke ich, dass ich viele Blicke auf mich ziehe.

Das weiß ich auch, es laufen mir viele Jungs aus der Klasse hinterher und wollen was mit mir anfangen.

Ich wirke so zierlich und zerbrechlich und gleichzeitig erwachsen, meint Papa immer zu mir. Viele der Jungs wollen dann wissen, was sich wirklich hinter meinem Gesicht verbirgt.

Weißt Du, liebe Mali, ich habe es so nach und nach gelernt, mich in Pose zu setzen, das habe ich regelmäßig vor dem Spiegel geübt. Das macht mir jedes Mal richtig Spaß und es hebt meine Stimmung, denn es ist wie schauspielern.

Besonders verstehe ich es mich schick und modisch zu kleiden. Dank Mami muss ich ja nie auf das Geld achten. Für meine dreizehn Jahre bin ich, trotz meiner schlanken Figur, stark entwickelt. Sicherlich schätzen mich die Jungs älter, als ich bin.

Meinen Busen allerdings mag ich überhaupt nicht, der ist viel zu groß für meinen Körper und meine sehr schlanke Taille. Deshalb versuche ich ihn immer hinter Blusen, die eigentlich eine Nummer zu groß sind, zu verstecken. Dazu trage ich Latzhosen, die im Moment modern sind.

So, jetzt erzähle ich Dir, was an diesem Nachmittag im Café geschehen ist. Ich war tief in meinen Gedanken versunken, als Werner früher als erwartet vor mir stand. Stell Dir vor, Mali, er hat mir vor allen Leuten im Eiscafé einen Kuss gegeben!

Es war mein allererster Kuss, den ich von einem Jungen bekommen habe. Es hat sich gut, ja sogar sehr gut angefühlt. Trotzdem bin ich total rot angelaufen.

Werner hat gelacht und gemeint, dass mich die Röte besonders liebenswert macht.

An diesem Nachmittag habe ich mich frei wie ein Vogel gefühlt. Mit meinen Augen habe ich ständig an seinen vollen geschwungenen Lippen gehangen, wenn er was erzählt hat.

Er ist schon so erwachsen und sooo cool!

Er trägt seine Kleidung lässig und seine abgespeckte Lederjacke legt er nie ab. Sein schwarzes volles Haar trägt er lang und bindet es in der Schule zu einem Dutt.

Seine hohe Stirn lässt seine großen braunen Augen strahlen. Ein Ohrring, ich glaube, es ist eine Schlange, im rechten Ohr macht ihn einzigartig für mich.

Er ist sportlich und schlank, seine Aussprache flapsig und sein Gang schlaksig.

Ich wünsche mir, dass dieser wunderschöne Tag nie zu Ende geht!

An diesem Nachmittag schwebte ich auf Wolke sieben, kannst Du das verstehen? Es ist ein so himmlisches Gefühl, federleicht und einfach nur glücklich zu sein!

Die Stunde flitzte nur so dahin und ich sah erschrocken auf die Uhr. Vor lauter Wolke sieben hatte ich doch tatsächlich die Verabredung mit meiner Mutter vergessen.

Geschwind habe ich mich von Werner verabschiedet und versprochen, dass ich wiederkomme.

Verstehst Du, Mali, dass es in meinem Bauch kribbelt, wenn Werner vor mir steht?

Dass ich ständig an ihn denken muss und ich in der Schule unkonzentriert bin?

Verstehst Du, dass ich abends nicht einschlafen kann oder ich mich extra für Werner stylen lasse?

Verstehst Du, dass ich eifersüchtig bin, wenn Werner ein anderes Mädchen anlächelt? Oder ihn irrsinnig vermisse, wenn er nicht neben mir steht?

Mali, ich habe Schmetterlinge im Bauch und schwebe, als würde ich auf einer Wolke laufen. Am liebsten möchte ich die ganze Welt umarmen, die für mich im Augenblick rosarot gefärbt ist.

Er hat es in kürzester Zeit geschafft, mich komplett um den Finger zu wickeln.

Alles, was er verlangt, tue ich, obwohl meine beste Freundin Monika mich warnt, mich nicht so sehr von ihm abhängig zu machen.

Sie labert schon lange, dass sie kein gutes Gefühl hat, was meinen Freund Werner angeht.

Ich glaube, dass sie nur eifersüchtig ist.

So, jetzt gehe ich schlafen und träume von meiner aufregenden, feurigen Liebe zu Werner.

Tagebucheintrag 15. September 1963

Mali, dieses Mal muss ich Dir mein persönliches Leid offenbaren.

Heute habe ich meine ersten blöden Tage bekommen. Ich habe heftige Rückenschmerzen und Schmerzen im Unterleib. Die sind so heftig, dass ich den Unterricht ausfallen lassen musste.

Außerdem scheinen Kopfschmerzen in dieser Zeit mein ständiger Begleiter zu sein.

Während dieser Tage wünsche ich mir immer, als Junge auf die Welt gekommen zu sein. Ich kann nicht wirklich den Sinn dieses Vorgangs verstehen, darum bin ich an solchen Tagen nahe am Wasser gebaut.

Heute habe ich meiner Mama die Frage gestellt, was denn da in meinem Körper passiert. In meinem Kopf spukt schon lange die Frage, ob womöglich der Kuss, den Werner mir gegeben hat, daran schuld ist?

Diese blöde Frage zermürbt mich völlig und ich wünsche mir so sehr, eine Antwort darauf zu bekommen.

Nein, Mali, meine Mutter hat mir natürlich keine vernünftige Antwort darauf gegeben. Offensichtlich ist es ihr peinlich, darüber zu sprechen. Ihre Antwort war einfach nur, ab jetzt musst du gut auf dich aufpassen.

„Aber warum, warum soll ich auf mich aufpassen?", habe ich postwendend zurückgefragt. Sie reagierte nicht mehr auf meine für mich so wichtige Frage und drehte sich peinlich berührt um.

Sie hat mich mit einem Fragezeichen im Gesicht stehen gelassen.

In solchen Momenten wünsche ich mir, meine große Schwester wäre bei mir, sie hätte mir bestimmt eine Antwort auf meine Fragen gegeben. Oft muss ich an sie denken, ich habe ihr bestimmt viel unrecht getan. Manchmal fehlt sie mir schon.

Tagebucheintrag 20. September 1963

Mali, wenn ich mich mit Werner treffe, style ich mich immer, und es macht mir Spaß, wenn andere Jungs mich mit offenem Mund angaffen, wenn ich an ihnen vorbeigehe.

Meine vollen Lippen schminke ich dezent zu meinen blonden Locken. Mein Kajalstift und die Wimperntusche setze ich geschickt ein, sodass meine blauen Augen stark zu Geltung kommen, wie bei einer Puppe. Meine Taille betone ich mit einem engen, kurzen Rock, wobei ich meinen großen Busen mit einer weiten, dazu passenden Bluse kaschiere und mit einem Gürtel binde.

Meine Freundin Monika warnt und kritisiert mich öfters, doch ich wische es mit einer Handbewegung weg.

Mali, ich glaube, sie ist nur neidisch, dass sie nicht so gut prunkt wie ich. Werner sagt immer, dass Monika wie ein Mauerblümchen aussieht.

Bei unserem heutigen Treffen habe ich erfahren, dass er nicht mehr als sechzehn Jahre ist. Stell Dir vor, er ist im Heim aufgewachsen und erst mit 13 Jahren zu einer Pflegefamilie gekommen. Schade, dass er so wenig über sich selbst erzählt, aber es ist mir auch egal. Ich finde ihn so sexy mit seinem knackigen Po, seinen langen dunklen Haaren und dem Grübchen, wenn er lacht. Alle schwärmen für ihn, das macht mich richtig stolz.

Öfters betont er, dass er es mal sehr weit bringen wird und auch schon Beziehungen in verschiedene Richtungen geknüpft hat.

Das ist mir aber alles Schnuppe, Hauptsache, ich bin so oft es nur geht mit ihm zusammen.

Weißt Du, Mali, er ist mein Gott, mein Idol, und ohne ihn will ich nicht mehr leben, egal, was auch passiert.

Ich bin überglücklich und könnte nur tanzen, singen und jauchzen. Kannst Du das verstehen? Schade, dass Du mir nicht antworten kannst. Eines ist sicher, ich darf Dich nie verlieren!

Tagebucheintrag 29. September 1963

Hallo Mali, heute bin ich sehr, sehr traurig. Meine Mama verändert sich, seitdem Papa weg ist, immer mehr. Ich zermartere mir den Kopf und frage mich andauernd, warum er gegangen ist. Er ist einfach abgehauen und hat mich zurückgelassen, ohne ein Wort des Abschiedes.

Ein großes Loch ist in meinem Herzen entstanden, denn ich liebe ihn abgöttisch.

Jeden Wunsch hat er mir von den Augen abgelesen, mit allen Sorgen konnte ich zu ihm gehen. Er hat mich immer behandelt wie eine Prinzessin und ich frage mich immerzu, ob ich Schuld an Paps Fortgehen habe.

Fast jeden Tag schaue ich in den Briefkasten und hoffe, endlich einmal eine Nachricht von ihm zu bekommen; aber ich warte vergebens. Das macht mich so furchtbar traurig und oft weine ich mich in den Schlaf. Ich bin so froh, dass ich Werner habe, der mich tröstet und in den Arm nimmt.

Tagebucheintrag 04. Oktober 1963

Liebe Mali, in den letzten Tagen habe ich leider keine Zeit gefunden, meine Erlebnisse und Gefühle mit Dir zu teilen. Aber heute ist etwas Eigenartiges passiert, das ich Dir unbedingt erzählen muss.

Meine Mutter hat mich von der Schule abgeholt und wir gingen seit langer Zeit wieder einmal in das Café Extrablatt.

Diese Gelegenheit habe ich für einen guten Zeitpunkt angesehen, ihr von meiner großen Liebe zu erzählen.

Ich hatte geglaubt, dass sie sich mit mir freuen würde, jedoch kam es ganz anders.

Hysterisch hat sie gezischt: „Waas? Du bist noch viel zu jung für einen Freund! Willst du es unbedingt darauf anlegen, mit einem Balg anzukommen? Ab sofort verbiete ich dir jeglichen Umgang mit diesem Schmarotzer!"

Völlig verstört habe ich sie gefragt, warum sie sich so aufregt. Leise, damit es nicht alle Leute um uns herum mitbekommen, habe ich ihr erklärt: „Wir machen doch nichts Schlimmes, wir verbringen nur ein wenig Zeit miteinander und kuscheln ein bisschen, das ist alles."

Stell Dir vor, Mali, ohne Vorwarnung hat sie mir einfach eine schallende Ohrfeige verpasst und ich bin vor Schreck nach hinten weggekippt.

Empört und beleidigt habe ich ihr daraufhin an den Kopf geknallt: „Papa hätte mich bestimmt verstanden; du hast ihn aus dem Haus gejagt! Jetzt verstehe ich so einiges!"

Es ist mir so peinlich gewesen, dass sie mir vor all den Gästen eine gescheuert hat, das kannst Du Dir bestimmt vorstellen, Mali, oder? Das war der Moment, wo ich angefangen habe, meine Alte zu hassen.

Wütend hat Mutter mir daraufhin geantwortet: „Ich schwöre dir bei Gott, ich werde nichts unversucht lassen, dich von diesem Kerl fernzuhalten."

Mali, in diesem Augenblick brach für mich meine kleine, schöne, bunte, heile Welt zusammen, wie ein Kartenhaus.

Das geht überhaupt nicht! Ich kann mir ein Leben ohne Werner nicht mehr vorstellen!

Bestürzt und niedergeschlagen habe ich sie angesehen.

Die gerade abgelaufene Szene im Café war mir so was von peinlich. Hastig bezahlte sie und zog mich mit sich nach draußen.

Wortlos stiegen wir in den Bus und redeten kein Wort miteinander.

Als Mutter die Tür aufschloss, rannte ich stracks auf mein Zimmer, um Dir, liebe Mali, mein großes Leid zu klagen.

Mein Herz klopft mir immer noch bis zum Hals vor unbändiger Empörung und Wut. Die Tränen, die mir über das Gesicht laufen, kann ich nicht verhindern, entschuldige, wenn ein paar Tropfen auf Dich fallen und einige Buchstaben verwischen.

Ich habe fürchterliche Angst, meinen Freund nie wieder zu sehen. Schreiend habe ich mich auf mein Bett geworfen, wie in Trance meinen Plattenspieler angemacht und die Platte von Elvis „It's Now or Never" aufgelegt.

Ich weiß selbst nicht mehr, wie oft ich diese Platte hintereinander gehört habe. Meine Gedanken drehen sich dabei nur um Werner. In meinem Kopf windet sich die Achterbahn rauf und runter.

Immer wieder frage ich mich, warum meine Mutter so unnahbar und gefühlskalt ist, so als sei ich nicht mehr existent. Ob ich doch Schuld daran habe, dass mein Papa einfach abgehauen ist und nicht wiederkommt?

Mali, ich höre, wie meine Mutter den Zimmerschlüssel nimmt und die Türe von außen abschließt. Ich höre, wie sie durch die Tür zu mir spricht: „Das Abendessen bringe ich dir auf dein Zimmer, für die nächsten Wochen bekommst du Hausarrest, und zwar so lange, bis dich deine Vernunft wieder eingeholt hat.

In der Schule werde ich dich bis auf Weiteres krank melden. Was du in den nächsten Wochen versäumst, kannst du schon wieder aufholen. Du bist ja ein intelligentes Mädchen."

Jetzt stehe ich schluchzend vor meinem Fenster im dritten Stock und fühle mich völlig genervt und alleine gelassen. Das erste Mal verfluche ich, dass wir auf der dritten Etage wohnen. Grübelnd setze ich mich auf mein Bett und verstehe die Welt nicht mehr. Was soll das alles?, sinniere ich vor mich hin. Die Tage kriechen im Schneckentempo und panische Angst ergreift mich. Ich steigere mich in eine chaotische Gefühlswelt hinein und sehe im Geiste Werner, der eine andere umarmt.

Mit Monika habe ich mich wegen Werner verkracht.

Jetzt sitze ich ganz alleine hier, nicht mal mein Papa will mich mehr haben.

Vor lauter Elend fühle ich Schmerzen überall; im Kopf, im Bauch, in den Beinen. Mein Herz brennt und lodert vor Wut, Empörung und Liebeskummer.

Tagebucheintrag 13. Oktober 1963

Mali, bereits seit einigen Tagen sitze ich jetzt eingeschlossen in meinem Zimmer. Wenn ich auf die Toilette muss, geht sie mit mir. Wie ein Adler wacht sie über mich und lässt mir keine Luft zum Atmen. Das Essen bringt sie mir auf das Zimmer, spricht aber kein Wort mit mir.

Ich komme mir vor wie eine Schwerverbrecherin, die gefangen gehalten wird. Meine aufkommenden chaotischen Sinnesreize kann ich nicht beschreiben; es ist so, als ob alle meine Gefühle meinen Körper zum Platzen bringen.

Es ist so schlimm für mich, dass ich mich sogar mit Mordgedanken befasse. Einige Ideen, wie ich die alte Ziege umbringen könnte, nehmen bereits konkrete Formen an.

Bisher habe ich den Mut noch nicht aufbringen können, aus dem dritten Stock zu springen, was natürlich das Einfachste für uns alle wäre.

Was will ich mit einer Mutter, die mich nicht versteht?

Stell Dir vor, Mali, meine Mutter hat extra Urlaub genommen, um mich zur Vernunft zu bringen. Ich weine, schreie und esse nichts mehr. Ich will nur noch, dass mich Papa abholt.

Meine Mutter hat zurückgeschrien, dass sie sich von Papa scheiden lässt und Papa keinerlei Interesse mehr an mir habe. Wie Fausthiebe spüre ich diese Worte auf meinem Körper.

Warum macht sie so etwas, Mali? Nur weil ich verliebt bin? Was ist daran so furchtbar?

Tagebucheintrag 16. Oktober 1963

Mali, meine Lehrer sind kritisch geworden, sodass ich endlich wieder zur Schule darf. Meine Freundin Monika hat unseren Deutschlehrer gesteckt, dass es für mich ungewöhnlich ist, solange den Unterricht zu schwänzen. Daraufhin hat er meine Mutter aufgesucht und mit ihr ein ernstes Wort geredet.

Ich bin eine gute Schülerin auf der Mittelstufe, meine besten Zensuren habe ich in Mathe, Kunst und Deutsch. Ich mag gerne Reporterin werden und die Welt umreisen.

Nach diesem Vorfall macht mir aber der Unterricht im Moment keinen Spaß, denn meine Alte bringt mich immer hin und holt mich auch wieder ab. So etwas Hartnäckiges habe ich echt noch nicht erlebt.

Den Klassenlehrern erzählt sie, dass ich eine schlimme Phase durchmachen würde und auf keinen Fall ohne Aufsicht sein dürfte.

Meine Mutter hat sogar ihre Arbeitsstelle aufgegeben, nur um mich zu überwachen.

Ist das nicht ätzend, Mali?

Mit ausgeklügelten Tricks schaffe ich es, mit Werner in den Pausen ganz klein gefaltete Zettel auszutauschen. Ich bin so happy, dass er mich wie am ersten Tag anhimmelt. Er hat mir versprochen, mit mir wegzulaufen.

Werner hat auch keinen Bock mehr auf Schule. Du kannst Dir bestimmt vorstellen, Mali, wie meine Gefühle von oben nach unten und umgekehrt rasen, wie eine Achterbahn.

Seitdem mich dieser Drachen von Mutter eingesperrt hat, kann ich mich nicht mehr auf den Unterricht konzentrieren. Meine Zensuren werden schlechter.

Ich befasse mich nur noch mit dem Gedanken, mich auszuklinken.

Egal wohin, einfach nur weg von diesem Muttertier.

Es ist ja eh egal, mein Papa will nichts mehr von mir wissen, sonst wäre er ja wohl kaum bei Nacht und Nebel abgehauen.

Ich warte nur noch auf die richtige Gelegenheit, um die Kurve zu kriegen. Die Flucht mit Werner ist bereits vorbereitet.

Tagebucheintrag 20. Oktober 1963

Mali, zwischenzeitlich habe ich es geschafft, einen Schlüssel nachmachen zu lassen. Den Reserveschlüssel aus der Schublade habe ich heimlich Werner gegeben.

Fast mein ganzes erspartes Taschengeld der letzten zwei Monate habe ich dafür geopfert.

Meine Angst vor dem Ungewissen bewirkt mittlerweile Albträume.

Wenn Mutter mitbekommt, dass der Schlüssel fehlt, sperrt sie mich mit Sicherheit für viele Wochen in den dunklen Keller.

Den Reserveschlüssel sowie meinen Kinderausweis trage ich immer mit Klebeband an meinem BH mit mir.

Tagebucheintrag 22. Oktober 1963

Mali, endlich ist es so weit! Meine Mutter muss zum Elternabend. Wie erwartet, hat sie auch den Reserveschlüssel aus der Schublade genommen und die Wohnungstür von außen abgeschlossen.

Werner habe ich in der großen Schulpause im Vorbeilaufen einen Spickzettel in die Hand gedrückt. Habe nur darauf geschrieben: „Hol mich heute Abend um 20 Uhr ab, ich stehe an der Ecke zum Einkaufladen Kaiser's und warte auf dich."

Tagebucheintrag 08. November 1963

Hallo Mali, ich sitze in der Ecke einer heruntergekommenen Kneipe und ergreife die Gelegenheit, Dir meine Erlebnisse der letzten Tage zu beschreiben.

Dich und meinen Stift muss ich immer eng bei mir tragen, Werner hat schon einmal versucht, Dich mir wegzunehmen.

Seit diesem Zeitpunkt trage ich Dich eng am Bauch. Jetzt erzähle ich Dir, was in der Zwischenzeit passiert ist.

Es war recht unselig und nasskalt Ende November und ich zog mich richtig warm an. Zwei paar Strumpfhosen, ein T-Shirt, einen dünnen Pulli, einen dicken Pulli und eine Latzhose, die reichlich Platz ließ, für das Darunter.

Ich packte meinen Rucksack mit Brot, ein bisschen Wurst und Wasser und Dich, „Mein Tagebuch". So, nun kann es losgehen, habe ich mir Mut zugesprochen.

Ich bin über mich selbst überrascht, dass ich so entschlossen gewesen bin.

Ich holte noch schnell meine Sparbüchse, in der immerhin noch stolze 150 DM waren, und verließ die Wohnung.

Mein Puls hämmerte wie ein Presslufthammer an meinen Schläfen. Mein Herz bummerte so laut vor

Angst und ich hoffte inständig, im Treppenhaus keinem zu begegnen.

Die Minuten bis zur Haustüre fühlten sich an wie Stunden.

Endlich, die letzte Stufe, dachte ich erleichtert und rannte wie vom Teufel besessen los. Ich hielt nicht vor dem Lebensmittelladen Kaiser's an. Kaum hatte ich die verabredete Ecke erreicht, stand Werner wie aus dem Nichts vor mir.

Ich erschreckte mich zu Tode und am liebsten wäre ich wieder nach Hause gelaufen.

Werner versuchte mich zu beruhigen und flüsterte mir leise zu: „Ich habe einen Freund mitgebracht, der einen Führerschein hat. Wir fahren jetzt nach Esslingen, da sind wir weit weg von hier. Dort hat ein anderer Freund eine Hütte in einer Gartensiedlung, da werden wir dich vorerst unterbringen."

Leider war ich so aufgeregt, dass ich nur die Hälfte von dem verstand, was er blubberte.

Willenlos und immer noch über mich selbst verwundert, ließ ich mich auf die schmale Rückbank eines WV Käfers quetschen.

Quetschen ist das richtige Wort, das Gepäck und ich hatten kaum Platz.

Die Strecke von Durlach nach Esslingen kam mir vor wie eine Ewigkeit. Vor Erschöpfung und Aufgeregtheit muss ich eingeschlafen sein. Als der Käfer mit einem Ruck stehen blieb, bin ich aufgewacht. Mir war richtig mulmig zumute, als Werner mich in die Hütte geschoben hat.

Ich straffte meinen Körper, damit die Jungs meine Unsicherheit nicht bemerkten.

Der Typ, der sich Rainer nannte und auf mich keinen vertrauenserweckenden Eindruck machte, sagte zu Werner:

„Wo kommt die denn her, die ist ja tierisch verklemmt, ob das wohl was wird?"

Werner beruhigte ihn: „Das wird sich schon geben", und legte mir vertrauensvoll den Arm um meine Hüfte. Er grinste so breit, dass seine Ohren Besuch bekamen.

Kannst Du Dir vorstellen, Mali, wie ich mich gefühlt habe? Ich war mir plötzlich nicht mehr sicher, ob ich das Richtige getan habe. Mein erspartes Geld hat Werner mir abgenommen.

Obwohl ich mir recht verloren vorkam, fiel mir ein Stein vom Herzen, als die beiden wieder wegfuhren.

Schaudernd habe ich mich umgesehen und die kleine Hütte inspiziert. Dunkel war es hier drin und stickig die Luft.

Sicherlich hat hier monatelang niemand mehr gehaust. Die Gardinen an den kleinen Fensterluken stehen vor Dreck und abgestandenem Staub. Der Boden ist klebrig; der kleine Küchentisch verkrustet von übrig gelassener Marmelade oder Ähnlichem.

Mali, ich habe mich so sehr geekelt, dass ich glaubte, am gesamten Körper Eiterpickel zu spüren. Igittigitt, wie ekelhaft sich das angefühlt hat.

Es war so still hier auf dem Platz und in der Hütte, dass ich Angst bekommen habe.

Noch nie zuvor war ich alleine gewesen, es ist immer irgendwie jemand bei mir gewesen. Es war so beklemmend ruhig und ich hörte, wie die Blätter der Bäume raschelten.

Wie elektrisiert lugte ich aus dem kleinen Fenster. Ich sah, wie Schatten und Grimassen sich im Winde wiegten. Vor lauter Unsicherheit fing mein Magen an zu knurren und ich wollte meinen Proviant aus dem Rucksack holen.

Stell Dir vor, Mali, mein Rucksack war leer! Angesäuert stampfte ich vor Wut auf den Boden. Verzweifelt griff ich erneut nach meinem Rucksack und wühlte darin herum. Ich konnte es nicht fassen!

Plötzlich fand ich im Seitenfach eine Dose mit Keksen, die vorher nicht da gewesen war.

Gewundert habe ich mich schon, dachte aber nicht weiter darüber nach.

Hunger und Durst überwältigten mich. Mit Heißhunger vertilgte ich die Kekse, die köstlich schmeckten. Ich hörte nicht auf zu essen, bis der letzte Krümel vernichtet war.

Die Wasserflasche, die Werner mir auf den Tisch gestellt hatte, kippte ich in mich hinein, als ob es die letzte Möglichkeit wäre, vor Eintritt in die Wüste noch einen Schluck Wasser zu trinken.

Kaum hatte ich die Flasche mit dem Wasser geleert, wurde ich unendlich müde.

Die Hütte, in der ich mich befand, wirkte plötzlich beklemmend und sehr düster. Zwischenzeitlich war es draußen tiefschwarze Nacht geworden, kein Stern am Himmel und kein Mensch waren in dieser Gartensiedlung zu sehen.

Mutterseelenalleine lag ich auf der versifften Pritsche. Vor lauter Grusel schlotterten mir die Knie. Regungslos lag ich da und getraute mich nicht zu atmen.

Du kannst Dir nicht vorstellen, Mali, was danach passierte. Leider bekomme ich nur Bruchstücke zusammen. Den Rest hat mir Werner erzählt.

Mir ist plötzlich ohne Vorankündigung schwindelig geworden. Ich versuchte mich aufrecht zu setzen. Ohne mein Dazutun bekam ich einen Lachkrampf und im gleichen Atemzug verlangsamten sich alle meine Bewegungen.

Merkwürdige Halluzinationen habe ich bekommen. Als ich vor lauter Angst, Panik und Niedergeschlagenheit nach draußen rennen wollte, begegnete mir im Türrahmen das Gesicht meiner Mutter, das sich immer wieder veränderte.

Ständig sah sie mich mit einer neuen Fratze an und ich bekam einen Lachkrampf nach dem anderen.

Jäh, wie aus heiterem Himmel, plagten mich anschließend brennende Schmerzen in der Brust.

Obwohl kein offenes Kabel in meiner Nähe war, spürte ich Stromschläge. Geschockt und komplett konfus versuchte ich aus der Hütte zu fliehen, es gelang mir jedoch nicht.

Meine Bewegungen konnte ich nicht mehr kontrollieren, und jedes Mal, wenn ich panisch die Türklinke zu greifen versuchte, zuckte es in meinen Händen.

Augenblicklich musste ich mich übergeben. Ich hatte das Gefühl, meine Seele auszukotzen.

„Oh mein Gott", schrie ich hysterisch immer und immer wieder, „jetzt habe ich meine Seele verkauft!"

Was passiert hier mit mir?

Warum ist Werner nicht bei mir?

Was habe ich getan?

Erschöpft brach ich vor der Hütte zusammen und robbte mich, das Erbrochene mit mir ziehend, zurück in die Hütte.

Ich schaffte es gerade noch, die Türe hinter mir zu schließen. Vor der Tür blieb ich regungslos liegen.

Ich weiß nicht, wie lange ich so gelegen habe. Werner hat irgendwann mit Gewalt die Tür geöffnet und mich brutal auf die Seite geschoben.

Entsetzt und angewidert hat er zu mir runtergesehen. Benommen vernahm ich, wie eine verzerrte Stimme in mein Bewusstsein drang, die fragte: „Was ist denn mit dir passiert?"

Ich schrie in an: "Warum hast du mich allein gelassen?

Was habt ihr mit mir gemacht? Wer hat mein Brot aus meinem Rucksack geklaut?" Verzweifelt versuchte ich, meine Tränen zu unterdrücken. Ich stank erbärmlich nach Erbrochenem. Aufstehen konnte ich noch immer nicht, meine Beine gehorchten mir nach wie vor nicht.

Werner holte wortlos einen Eimer Wasser aus dem Toilettenhaus, damit ich mir die Kotze aus dem Gesicht und von der Kleidung waschen konnte.

Ich sah so erbärmlich aus, Mali. Am liebsten wäre ich von mir selbst davongelaufen.

Werner hat mir beim Ausziehen und Waschen geholfen. Ich selbst war nicht in der Lage dazu. Ich habe mich geschämt und gebetet, das erste Mal inständig, dass mich ein großes Loch auf Nimmerwiedersehen verschlingen möge.

Ich habe erfahren, dass Werners Kumpel Haschisch in die Kekse, die ich gegessen habe, verarbeitet und gegen meinen Proviant ausgetauscht hat. Nie zuvor in meinem Leben hatte ich Alkohol oder Sonstiges zu mir genommen. Deshalb hat es mich wohl besonders hart getroffen, ich brauchte mehrere Tage, bis ich wieder einigermaßen normal agieren und reagieren konnte.

Tagebucheintrag 15. Dezember 1963

Mali, es wird Zeit, das Erlebte niederzuschreiben. Wir haben bereits den 15. Dezember 1963.

Werner habe ich die letzten Tage und Wochen keines Blickes gewürdigt. Kein Wort habe ich mehr mit ihm gesprochen, obwohl er mir gegenüber beteuert hat, dass er nichts mit den Keksen zu tun hätte.

Seit diesem Vorfall leide ich unter unerträglichen Kopfschmerzen und frage mich immer wieder, wie ich am besten nach Hause zurückkomme. Wenn ich Werner darauf anspreche, weicht er aus und faselt irgendetwas von „Es wird schon bald alles gut, vertrau mir einfach."

Nach diesen Worten verabreichte er mir mit einem kleinen Löffel irgendwelche Tropfen, die er vorher abgezählt hatte, in den Mund. Dann schwenkte er einfach auf ein anderes Thema um.

Stell Dir vor, er hat es für gar nicht nötig befunden, mir mitzuteilen, dass wir mit einem anderen Kerl weiterfahren werden. Ganz nebenbei hat er erwähnt: „Ah, da kommt ja endlich unser neuer Chauffeur." Und dann: „So, jetzt können wir los, wir fahren nach Filderstadt, da hat Karlheinz, unser Fahrer, ein altes Haus seiner Tante geerbt.

Dort können wir die nächsten Tage erst einmal zur Ruhe kommen.

Wir werden dir auch Tropfen gegen deine Kopfschmerzen besorgen und alles wird gut."

Mali, mir blieb nichts anderes übrig, als ihm zu glauben. Wir stiegen in den roten Prinz NSU und fuhren los. Die Fahrt ist einigermaßen kurz gewesen, dafür war ich dankbar.

Du glaubst nicht, wie sehr ich mich auf der Fahrt dorthin nach einer Dusche gesehnt habe. In meinen schlimmsten Träumen habe ich so etwas noch nicht erlebt. Meine Klamotten und ich stinken wie ein Otter. Selbst Dein Ledereinband stinkt schon gegen den Wind.

Leider habe ich nichts mehr zum Wechseln. Es juckt überall und meine schönen langen Haare sind verfilzt. Vermutlich wird mir nichts anderes übrig bleiben, als sie abzuschneiden.

Ich könnte nur noch schreien, schreien, schreien, aber ich bleibe stumm, denn ich will den komischen Typen von Karlheinz nicht reizen.

Endlich hielt der Prinz NSU vor dem Haus.

Ohne den Blick zu heben, stieg ich aus dem Wagen und sah mich um. Ich war bestürzt, als ich die hohe, ungepflegte Hecke erblickte. Der Vorgarten zum Haus ist völlig verwildert, er sieht aus wie der Eingang zu einem Geisterhaus, total unheimlich.

Wenn ich nicht so wahnsinnige Kopfschmerzen gehabt hätte, hätte ich bestimmt auf dem Absatz kehrt gemacht. Im Haus selbst stank es nach vermoderten

Möbeln, als hätte diese Ruine mindestens hundert Jahre keinen Menschen mehr beherbergt.

Bei meinem Rundgang durch dieses zerfallene Etwas habe ich in fast jedem Zimmer (es sind sechs davon) eine Matratze auf dem Boden liegen sehen. Außerdem lag überall total ekliger und stinkiger Abfall herum. Reste von abgestandenen verschimmelten Trinkgläsern und Essensreste, auf denen sich die Fliegen in Scharen tummeln, rundeten dieses Bild des Schreckens ab.

Lähmung ergriff mich, meine Augen starrten ungläubig auf die besabberten Zimmer.

Bei dem Gedanken, mich auf solch einer Matratze niederzulassen, wurde mir schlecht. Schlagartig wurde mir klar, wo ich hier reingeraten bin.

In meinen schlimmsten Träumen habe ich so etwas noch nie gesehen. Meine Güte, wo soll das für mich enden?

Im Vorbeigehen sah ich aus dem Augenwinkel ein altes Badezimmer.

Freudestrahlend, und hoffnungsvoll stürmte ich in das vermeintliche Bad.

Dort angekommen, blieb ich wie angewurzelt stehen. Niedergeschlagen sah ich mich um. Dass es so etwas Ekliges auf unserer Welt noch gibt, ist unglaublich!

Die Fliesen um die Wanne herum waren schmierig und fast komplett schwarz vom Schimmel. Die Wasserhähne und die Toilettenspülung hingen nur noch an einem undefinierbaren Etwas. Die Toilettenspülung und die Wasserhähne waren nicht mehr bedienbar. Getrockneter Kot und getrocknetes Blut klebte an der Badewanne, an der Toilettenschüssel sowie am Waschbecken.

Nur die Kakerlaken tanzten auf dem Fußboden.

Mein Bauch hob und senkte sich, eine Faust schien sich mit voller Wucht in meinen Magen zu drücken und ich musste mich auf der Stelle übergeben.

Ohne Vorwarnung begann mein Körper plötzlich wie verrückt zu jucken; ich hatte nicht genügend Hände, um mich überall gleichzeitig zu kratzen.

Am schlimmsten juckte es auf meiner Kopfhaut und auf meinem Rücken.

Panische Angst, dass ich mir eine Krankheit wie zum Beispiel die Krätze geholt haben könnte, stieg in mir auf und ich stolperte hysterisch schreiend die morsche Holztreppe nach unten.

Wie von der Tarantel gestochen lief ich, ohne auch nur einmal anzuhalten, hinter das nächstgelegene Gebüsch, um meine Notdurft zu verrichten.

Mali, nach diesem heutigen Erlebnis verfluche ich, geboren worden zu sein. Meine Mutter vermaledeie ich und wünsche ihr, dass sie der Blitz beim Scheißen trifft.

Sie wollte mich nicht verstehen und gönnte mir meine Verliebtheit nicht. Sonst wäre das hier alles nicht geschehen!

Die Hoffnung, hier was Frisches zum Anziehen zu finden, habe ich aufgegeben.

Aufgebracht lief ich zu Werner und schrie ihn zornig und zutiefst angewidert an: „Was machen wir hier?" Ich konnte nicht verhindert, laut *aufzuschluchzen. Werner legte beruhigend seinen Arm um meine Schultern, als er leise erwiderte: „*Das wirst du schon noch sehen, *keine Angst; hier, schlucke diese Tropfen, dann geht es dir gleich besser. Und denke daran, dass DU von zu Hause weg wolltest und nicht ich. Jetzt müssen wir das Beste daraus machen." Deprimiert stand ich mit hängenden Schultern vor ihm.*

Tagebucheintrag 19. Dezember 1963

Mali, ich habe keine Kraft mehr und überlege, wie ich fliehen kann. Leider habe ich keine Ahnung, wo ich überhaupt bin.

Vielleicht kann ich Werner doch noch davon überzeugen, mit mir wieder von hier abzuhauen.

Dieser Lumpenhund von Karlheinz hat Werner voll an der Leine.

Kaum hatte ich diesen Gedanken zu Ende gedacht, stand Karlheinz vor uns und hat Werner 200 DM in die Hand gedrückt. Er zeigte auf mich und ich hörte, wie er Anweisungen gab. „Geh mit ihr zur nächsten Autobahnraststätte und lass sie duschen. Kaufe ihr

aber vorher noch ein paar Klamotten, damit sie wie ein Mensch aussieht. Und gegen die Kopfschmerzen gebe ich dir noch die Methadon-Tropfen. Erst fünfzig, und wenn sie sich daran gewöhnt hat, 100 Tropfen."
Er verschwand so schnell, wie er gekommen war. Innerlich fröstelte es mich erneut.

Karlheinz ist eine unsympathische Person. Ungepflegt mit Dreitagebart, eine Hakennase und Augen wie ein Adler; kalt und lauernd. Seine Haare sehr kurz, fast zu einer Glatze geschoren. Er ist groß und kräftig, seine Schultern hängen nach unten und seine Arme sehen optisch viel länger aus, als sie sind. Er läuft mit großem Schritt, hängenden Schultern und frei schwingenden Armen, wie ein Orang-Utan. Sein Alter lässt sich schlecht schätzen, er ist auf jeden Fall viel älter als Werner und ich. Ich denke, er wird um die fünfundzwanzig Jahre sein.

Es schüttelt, mich, wenn ich nur in seiner Nähe bin.

Warum hat Werner sich nur darauf eingelassen? Wo ist unsere Verliebtheit geblieben? Ich spüre nichts mehr, nur noch Angst und Panik. Die Schmetterlinge im Bauch sind seit dem Vorfall mit den Keksen wie weggeblasen.

Meine rosarote Wolke ist zerplatzt wie ein Luftballon – peng!

Mali, hoffentlich kreuzt der unsympathische Bursche nicht wieder auf. Es ist total ätzend, wenn Karlheinz da ist, fühlt sich Werner erwachsen und klug. Warum, vermag ich nicht nachvollziehen, Werner ist doch auch noch ein junger Kerl. Nur drei Jahre älter als ich. Im Moment werde ich nur von Bange und Verzweiflung beherrscht.

Plötzlich, wie aus dem Nichts, stand Werner vor mir und nahm mich an die Hand. Mit geschwollener Brust zog er mich mit sich und prahlte: „Schau, das ist mein Roller, den habe ich vorübergehend von Karlheinz bekommen, damit wir mobil sind."

Neugierig und weil mir diese Frage schon lange auf der Zunge brannte, polterte ich gereizt zurück: „Woher kennst du den Kerl überhaupt? Ist er dein Vater, dein Bruder oder dein Onkel?" Dabei schubste ich ihn vor mich her, so wütend war ich. Weiter bohrte ich: „Wieso gibt er dir den Roller, hast du überhaupt einen Führerschein?"

Tagebucheintrag 22. Dezember 1963

Es war ein heißer Ritt zur nächstgelegenen Fernfahrerraststätte mit Werner. Dachte schon, der will mich umbringen! Noch nie bin ich auf so einem Teil mitgefahren. In dem Moment, als ich endlich in den Genuss meiner heiß ersehnten Dusche kam, habe ich Werner alles verziehen.

Es war wie ein Befreiungsschlag für meinen Körper, der mit lauter Pusteln versehen ist. Ich bin schier ausgerastet, als ich im Spiegel meine eitrigen

Pickel am Rücken und Dekolleté bemerkt habe. Ehrlich, Mali, ich bin regelrecht vor meinem Spiegelbild erschrocken, bin mir nicht mal sicher gewesen, ob ich es tatsächlich war, die da in den Spiegel geschaut hat. Ist das nicht bitter und zermürbend? Müde und abgemagert sehe ich aus, nicht wie ein junges Mädchen von dreizehn Jahren.

Warum habe ich mich überhaupt auf diesen Horrortrip eingelassen? Das habe ich nur meiner Alten zu verdanken.

Hätte sie vernünftig mit mir geredet, wäre ich bestimmt nicht abgehauen, aber vielleicht war es ja genau das, was sie wollte.

Jetzt ist es zu spät und zur Polizei gehe ich nicht, lieber verrecke ich. Mit einem lauten Brrrrr schüttelte ich diese dunklen Gedanken zur Seite und genoss das warme Wasser, welches auf meinen geschundenen Körper niederprasselte.

Ich weiß nicht, wie oft ich mich geschrubbt und abgebürstet habe. Der Dreck der Straße, den ich fühlte, wollte einfach nicht weichen. Meine Haare waren so verfilzt, dass ich sie mit der großen Schere kinnlang abgeschnitten habe.

Die Sachen, die Werner mir besorgt hat, sehen irgendwie aufreizend und nicht mädchenhaft aus.

Wütend schüttelte ich meine nun blonden Kurzhaarlocken und machte damit meinem Unmut Luft.

Karlheinz fuhr mit uns anschließend nach Stuttgart und brachte mich in einem alten Haus unter. Ich getraute mich nicht, Werner zu fragen, warum wir hier sind; ich hatte viel zu viel Angst vor Karlheinz. Wenn er von mir genervt ist, verweigert er mir die Schmerztropfen, die ich so dringend benötige. Er ist der Einzige, der mir diese besorgen kann, meint Werner.

Es sind seit geraumer Zeit nicht nur die fürchterlichen Kopfschmerzen, die mich zur Verzweiflung bringen. Die Schmerzen haben sich auf den gesamten Körper verlagert und ich spüre Schmerzen überall am Körper, an meinem Kopf und selbst an meinen Zähnen. Nur wenn ich diese blöden Tropfen eingenommen habe, fühle ich mich hinterher besser und frei. Dann kann ich alles um mich herum ertragen. Es wird dann alles leicht und mir geht in diesen Augenblicken, gelinde ausgedrückt, alles am Arsch vorbei.

Tagebucheintrag Februar 1964

Heute habe ich es geschafft, Dich aus meinem Versteck zu holen. Ich brauche dringend Hilfe, Mali, mir geht es nicht gut!

Ich glaube, Karlheinz (hier wird er Kralle genannt) hat mich süchtig gemacht mit den Scheißtropfen.

Ich brauche immer mehr davon!

Werner ist, seitdem wir hier sind, kaum noch zu sehen. Vor einigen Tagen habe ich mitbekommen, dass hier noch mehrere Mädels in meinem Alter sind, glaube auch viel jüngere als ich. Die müssen dann zu dritt oder zu viert, je nachdem, was verlangt wird, den alten Knackern zu Diensten sein.

Eines Abends packte mich Kralle im Genick und drückte mich runter auf die Knie. Er schrie wie wahnsinnig, dass nun Schluss sei mit meinem Prinzessinnendasein.

„Dein Macker hatte ein Auge auf dich, aber die nächsten Tage ist er nicht da. Ich habe ihn für Besorgungen nach Amsterdam geschickt", sagte er.

Mali, glaube mir, ich habe mich mit Händen und Füßen gewehrt; ich habe gespuckt und getreten. Es half alles nichts! Zwei weitere Männer haben mich in der Hocke festgehalten und meinen Mund aufgerissen. Dann drückte mir Karlheinz seinen dicken Schwanz in meinen Mund und die Jungs zogen mich mit brachialer Gewalt an den Schultern nach vorne und wieder zurück.

Ich wollte das Ding ausspucken, aber es gelang mir nicht. Dann fiel ich in mich zusammen und wusste nichts mehr.

Als ich wieder zu mir kam, lag ich in einem Zimmer, das ich mit noch einem Mädchen teilen musste, gefesselt auf der Pritsche. Ich flennte und schrie, strampelte, was das Zeug hielt, konnte aber nichts tun.

Vorsichtig drehte ich den Kopf und wusste nicht, wie mir geschah. Eine Nadel hing an meinem Arm, ich glaube, sie haben mir flüssiges Schmerzmittel eingeflößt.

Tagebucheintrag April 1964

Mir geht es zunehmend schlechter, ich habe kaum noch die Kontrolle über mich selbst. Mittlerweile ist es sehr anstrengend für mich zu schreiben; ich bekomme in meinem Gehirn nicht mehr die richtigen Worte und Sätze zusammengesetzt.

Jetzt haben sie mich ganz gefügig gemacht. In der Rotlichtkneipe, wo wir eingesperrt sind, musste ich zusehen, wie sie dem Mädchen Anuscha mit einer Stricknadel den rechten Busen durchbohrt haben.

Ich bin so sehr erschrocken, dass ich mich übergeben habe. Anuscha, ein blasses junges Mädchen, ich glaube, sie ist Rumänin, schrie wie ein Gockel, dem gerade der Kopf abgeschnitten worden ist. Ich habe es als Kind einmal miterlebt, wie einem Gockel der Kopf abgetrennt wurde. Der Gockel lief ohne Kopf weiter und schrie mit einem dermaßen schrillen Ton, dass ich glaubte, mein Trommelfell würde zerplatzen.

Genau so schrie Anuscha. Der Schrei ging mir durch Mark und Bein. Anuscha fiel in Ohnmacht und die Monster haben sie hinter sich hergezogen, wie ein Stück Vieh.

Kralle drückte anschließend mein Kinn nach oben, sodass ich ihn ansehen musste. Mit seinen eiskalten Augen drohte er mir: „Jetzt hast du gesehen, was passiert, wenn du nicht machst, was ich dir sage."

Am darauf folgenden Abend haben sie mich geschminkt und mir knallrote Lippen verpasst. Danach musste ich anziehen, was mir auf den Stuhl gelegt worden ist.

Es war abscheulich! Ein Slip, der vorne und hinten offen war. Meine Brüste hingen lose zwischen einem offenen Ledergurt herunter. Regelmäßig, mindestens drei Mal in der Woche, musste ich in einen merkwürdig beleuchteten Raum.

Auf einer Art Rundell sind meine beiden Arme an ein hängendes Seil gebunden worden. Anschließend durften die alten Knacker mit ihren fetten, wulstigen Händen abwechselnd in meiner Muschi und in meinem Hintern herumbohren. Mit brachialer Gewalt rissen sie meine Genitalien und meinen Hintern auseinander.

Je mehr ich geschrien und gezappelt habe, umso mehr Hände fuchtelten an mir herum. Ich bin erst von den Seilen gelassen worden, als das Blut an meinen Schenkeln herunterlief.

An anderen Tagen wurden wir Mädels mit verbundenen Augen und splitterfasernackt nur mit Stöckelschuhen an den Füßen in einen anderen Raum geführt. Unsere Arme wurden mit Handschellen am Rücken festgebunden.

Mehrere Hände von Männern, deren Gesichter wir nicht sehen konnten, zogen gleichzeitig an unseren Brüsten. Anschließend hängten sie schwere Gegenstände daran. Es stank nach Alkohol und Pisse – offenbar mussten die anderen Mädels, so wie ich, vor panischer Angst ebenfalls unter sich lassen.

Die Kerle, ich glaube es waren auch Frauen darunter, grölten wie die Irren. Sie schienen sich an unserer Pein zu ergötzen.

Tagebucheintrag 04. Mai 1964

Mali, kein Mensch kann erfassen, welche grausamen Schmerzen ich und die anderen festgehaltenen Mädels jede Nacht erleiden müssen.

Ich bin nur noch ein Schatten meiner selbst und fühle mich wie überflüssiger Abfall. Ich vermag diesen Ekel, den ich verspüre, und meine nahende Ohnmacht gar nicht in Worte zu fassen. Ich ertrage es nur noch mit der richtigen Menge Stoff.

Wir sind doch noch so jung!

In meinem fast holen Kopf kreisen Minute um Minute, Stunde um Stunde, Tag für Tag, unaufhörlich die Worte: „Oh Gott im Himmel, wenn es dich gibt, dann sag uns bitte, was wir getan haben, um so leiden zu müssen!

Sind wir denn nichts als Abschaum, billiges Spielzeug für diese Mistkerle?

Warum hilfst Du uns nicht?

Ich flehe Dich an, lass uns besser sterben, damit wir diese unerträglichen Schmerzen und diese Scham, nicht länger ertragen müssen.

Tagebucheintrag 15. Mai 1964

Endlich, Werner ist zurück. Ob er wusste, was hier so mit mir passiert? Ich musste mit noch keinem Kerl ins Bett, das war offensichtlich nicht ihr Ansinnen.

Auf den Drogenpartys haben sie uns gezwungen, fast nackt vor ihnen rumtanzen.

Wenn ich vorher einen Schuss bekommen hatte, war es mir relativ egal, wenn sie mich betatschten und ich den alten Säcken mit ihren fetten, herunterhängenden Bäuchen den Schwanz massieren musste.

Das war mir immer noch lieber, als in dem komischen beleuchteten Raum an den Seilen zu hängen. Genau das hatte ich an jenem Abend gerade getan, als Werner die Party betrat: den alten Säcken den Schwanz massiert. Als er mich erkannte, schoss er wie von Sinnen mit geballten Fäusten auf Karlheinz zu und wollte ihn verprügeln.

Kralle und seine Aufpasser geboten Werner sofort Einhalt und stießen ihn mit einer derartigen Wucht von sich weg, dass er ausrutschte und sein Kopf auf die Ecke eines Marmortisches knallte.

Regungslos blieb er liegen, verdrehte seine Augen und sah zu mir auf. Ich hörte noch, wie er schrie: „Verzeih mir, Christin, das wusste ich nicht!"

Plötzlich war es mucksmäuschenstill auf der Party. Nach der ersten Schrecksekunde schrie Kralle: „Musik an, die Fete geht weiter, es ist nichts passiert. Er ist nur ohnmächtig." Hilflos musste ich zusehen, wie mein einziger Freund, meine erste Liebe, in die Hölle fuhr.

Tagebucheintrag Juni 1964

Ich bin nur noch ein Stück Dreck, ohne Namen, ohne eigenen Willen. Ich mache alles, was von mir verlangt wird.

Werner ist tot, ermordet, wie auch immer.

Die Bastarde haben ihn einfach verscharrt wie ein Stück Vieh. Rotz und Wasser habe ich geheult. In den Spiegel sehe ich schon lange nicht mehr, weil nicht ich es bin, die dort hineinschaut.

Anuscha, der sie die Brust durchstochen haben, hat überlebt und wir beide versuchen von hier zu verschwinden.

Wir haben uns zusammengetan, so ertragen wir den Schmerz besser. Nicht besser, nur einfacher. Sie spricht kein Wort Deutsch, wir verständigen uns mit Händen und Füßen.

Wir haben Buntstifte und Papier im Zimmer unter der Matratze gefunden. Irgendjemand hat das mal hier hereingeschmuggelt.

Anuscha hat ihre grausigen Erlebnisse mit Buntstiften festgehalten. Lauter bunte, schwarze und weiße Strichmännchen hat sie gemalt. Wenn das alles hier nicht so traurig wäre, Mali, könnte man die Malerei fast als lustig und erfrischend empfinden.

Anuscha hat Glück, denn Cosmin, ein Landsmann von ihr, hat ein Auge auf sie geworfen.

Wie ich von einem Mädchen, das für uns kocht und uns auch manchmal die blauen Flecken mit Schminke verdeckt, erfahren habe, ist sein Vater eine große Nummer in der Sexbranche in Berlin.

Cosmin soll sich hier die Hörner abstoßen und lernen, wie mit uns umzugehen ist.

Er gehört sozusagen zur Mannschaft von Kralle, aber er hat sich unsterblich in Anuscha verliebt.

Er versucht uns beide hier rauszuholen.

Er will auch probieren, die Adresse meiner Schwester Ruth in Berlin ausfindig zu machen. Das gibt uns ein wenig Hoffnung. Wir beide klammern uns aneinander wie Ertrinkende, wir wollen hier raus aus dem Dreck. Oft frage ich mich, ob Papa mich je gesucht hat. Jetzt ist es zu spät.

Ich brauche frische Luft, Mali! Wir sind hier eingesperrt. Das Fenster wird lediglich einmal täglich geöffnet, zum Hinterhof, unter Aufsicht von einem dieser Monsterkerle, die für Kralle arbeiten,.

Cosmin versorgt uns heimlich mit Stoff und plant bereits unsere Flucht.

Er hat einen Lkw-Fahrer, einen Freund seines Vaters, aus Berlin angeheuert, der uns schadlos über die Grenze nach Westberlin bringen soll. Der Tag, der sich hierfür eignet, ist, wenn Kralle nach Amsterdam fährt, um Nachschub für seine Kunden zu besorgen.

Tagebucheintrag Ende Juni 1964

Es ist so weit, in zwei Tagen sind wir hier draußen, aber ich habe Angst, furchtbare Angst, dass die Typen von Kralle uns erwischen!

Ich bete inständig, dass für mich und Anuscha alles glattläuft. Wir haben Sehnsucht, Sehnsucht nach einem normalen Leben.

Ich kann mir nicht mehr vorstellen, wie es ist, die Sonne auf- oder untergehen zu sehen. Ich weiß nicht mehr, wie es sich anfühlt, wenn der Wind meinen Körper streichelt. Ich weiß nicht mehr, wie Blumen oder Sträucher riechen. Wie werde ich die Luft verkraften, die mit frischem Sauerstoff angereichert ist?

Werden unsere Augen das natürliche Tageslicht überhaupt noch aushalten können, wenn wir von hier verschwinden?

Seit fast acht Monaten leben wir nur im Halbdunkel. Keiner interessiert sich mehr für uns da draußen. Wir sind einfach nur die verlorenen Kinder der Straße.

Oft höre ich das Jammern von noch jüngeren Mädchen in den angrenzenden Räumen.

Es ist unbeschreiblich beschämend und ich hoffe und bete jeden Tag, dass diesem Kralle die Eier abgeschnitten und seinen Hunden zum Fraß vorgeworfen werden.

Nur ein Schuss vermag uns für einen kurzen Augenblick in eine andere, bunte und bessere Welt einzutauchen, indem alle Sinneswahrnehmungen ineinanderfließen und miteinander verschmelzen. Denn in diesen Momenten schmeckt man auf einmal Farben, und die Cola kann man fühlen.

Tagebucheintrag Anfang Juli

Mali, mein Stift wird immer kleiner. Meine Schrift ist nicht einmal mehr für mich lesbar, ich kritzele mehr, als dass ich schreibe. Dass dies so ist, liegt an meiner zittrigen Hand und dem Stummel von Stift, den ich kaum noch halten kann.

Cosmin versucht gerade für uns Klamotten zu besorgen. Das, was wir hier tragen, ist draußen in der großen Welt nicht akzeptabel. Er sagt, dass die uns gleich verhaften werden, wenn wir mit diesem Fummel rumlaufen.

Vor der großen Flucht genehmigt uns Cosmin noch einen kleinen Schuss zur Entspannung. Er betont, dass dies der letzte Trip vor Berlin sein wird. Schnell gibt er jedem von uns eine Ration in die Hand. Wir sind ihm dankbar und verkriechen uns jeder in seine Ecke, damit wir uns im gleich einsetzendem Wahn nicht in die Quere kommen.

Ich spüre, wie ich abdrifte, gleich ist es vollbracht und ich tauche ein, in eine Welt der Leichtigkeit.

Wir schließen die Tür hinter uns, denn wir brauchen heute keine Freier zu bedienen. Es hat vor einigen Tagen eine Razzia gegeben. Jetzt hat dieses Monster von Kralle die Hosen voll.

Tagebucheintrag Mitte Juli 1964

Mali, ich werde versuchen, Dir meinen Trip und die Sinnestäuschung nach diesem Schuss, falls ich ihn überlebe, zu beschreiben ...

Ich habe überlebt, liebe Mali! Jetzt erzähle ich Dir, wie ich mich gefühlt, und was ich erlebt habe.

*Plötzlich, ohne meine Körperhaltung zu verändern, löste sich der Geist von mir und wanderte nach oben. Ich hatte in diesem Augenblick die klare Wahrnehmung, dass mein **ICH** der Geist allein ist, ohne meinen Körper.*

***ICH** klebte am Himmel kopfüber, sah mich und die Häuser verkehrt dort oben.*

***ICH** war unten am Himmel!*

Unter mir lagen alle Gestirne, millionenfach und unendlich.

In diesem Moment empfand ich alles nicht als absurd, sondern im Gegenteil als das Normalste der Welt.

***ICH** hatte die klare Gewissheit, dass mein Leben immer schon so war und die Häuser immer schon dort „oben" standen.*

Liebe Mali, zu diesem Zeitpunkt hatte ich fast vollständig die Kontrolle über mich verloren. Es war wie ein Fiebertraum.

Dann, abrupt, geschah das, wovor ich mich am meisten gefürchtet hatte.

Ich fing an, mich im Geist selbst aufzulösen. Meine Finger wurden größer, dann kleiner, dann wieder größer. Sie änderten die Farbe und ich sah zu, wie meine Hände immer weicher wurden und sich schließlich wie Sand aufzulösen begannen.

Ich wurde lauter und schrie zu Anuscha, dass ich mich auflösen würde.

Ich sah mir selbst zu, wie ich in Schutt und Asche fiel. Das war unbeschreiblich grausam und grässlich.

Mali, ich habe viele Tage gebraucht, um das eben Beschriebene aufzuschreiben. Es fällt mir zunehmend schwerer, meine Gedanken aufrechtzuerhalten. Sie purzeln hin und her wie ein Gummiball, der ständig an die Wand geklatscht wird.

Manchmal habe ich den Stift in der Hand und im gleichen Moment vergesse ich, was ich aufschreiben wollte.

Mittlerweile muss ich, wenn ich schreiben will, meine rechte Hand mit der linken Hand festhalten, um das Zittern meiner Hände zu unterbinden.

Manchmal hält mich auch Anuscha von hinten an meinen Schultern fest oder bindet einen Gurt um meinen Oberkörper.

Sie fixiert damit meine Oberarme, sodass ich beim Schreiben nur meine Unterarme bewegen kann. Das hilft manchmal, mein Zittern zu verringern.

Tagebucheintrag Juli 1964

Ach du Oberkacke, es gelingt mir kaum noch, mich zu konzentrieren und zu schreiben. Heute ist mein vierzehnter Geburtstag und ich bin traurig, sehr traurig. Was ist aus mir geworden? Bin nur noch ein Gespenst und niemand sucht nach mir.

Mein Dad hat mich schon vorher aufgegeben; der ist ja einfach abgehauen.

Meiner Mutter bin ich genauso egal wie meiner Schwester Ruth. Mali, mein eigenes Geschmiere kann ich kaum noch entziffern. Irgendwie sehen manche Buchstaben aus wie ein kleines Puzzlespiel zum Zusammenbasteln!

Anuscha hält wieder meine Oberarme zusammen, damit ich nicht so zittere.

Das ist mein Geburtstagsgeschenk!

Tagebucheintrag 26. Juli

Im allerletzten Moment habe ich Dich, liebe Mali, gerettet – das Einzige, was mir geblieben ist.

Es ist nicht einfach gewesen, Dich nicht zu verlieren. Die Klamotten, die Cosmin uns besorgt hat, sind uns beiden viel zu groß.

Mit Paketschnur haben wir unsere Hosen fest zusammengebunden.

Du, mein Tagebuch, bist immer unten durchgerutscht. Spät in der Nacht haben wir uns aus diesem abscheulichen Bau rausgeschlichen. Ich hatte schon vergessen, wie dieses Irrengehöft, in dem wir fast ein Jahr lang gequält wurden, von außen aussieht.

Ist doch nicht zu fassen, oder? Auf jeden Fall ist dieses Haus tiefrot getüncht. An der rot beleuchteten Tür ist nur jeder zweite Buchstabe zu erkennen gewesen. M-N-K-B-R. Na ja, ist ja letztendlich egal. Außerdem fährt in der Nähe eine S-Bahn oder Straßenbahn. Die ist vorbeigefahren, als wir gerade die Straße überquert haben. Uns stand fast das Herz still, denn wir glaubten, dass uns einer von Karlheinz' Kerlen gefolgt ist. Ich habe nur noch mitbekommen, wie Cosmin mich ins Auto gestoßen hat.

Mali, es war ein verdammt harter Ritt nach Berlin. Die komplette Fahrt über mussten wir in einem übel riechenden Lkw verbringen. Es war eine Überfahrt mit kleinen rosa Ferkeln. Kurz vor der deutsch-deutschen Grenze wurden wir in die hinterste Ecke der Ladefläche verfrachtet. Jemand warf Decken über uns. Den Gestank konnten wir fast nicht mehr ertragen. Außerdem hatten wir wahnsinnige Entzugserscheinungen.

Streckenweise wurden die Ferkel für uns zu übergroßen Ungeheuern mit gewaltigen Augen und riesigen gefräßigen Schnauzen.

Wir hauten wie wild auf die kleinen armen Ferkel ein, um sie zu verscheuchen. Je mehr wir uns bewegten, umso maßloser quietschten die Biester in für uns unerträglich hohen Tönen.

Wir beide, Anuscha und ich, kotzten uns die Seele aus dem Leib. Gleichzeitig glaubten wir zu spüren, wie uns die eigene Körperflüssigkeit unaufhaltsam aus allen Poren schoss.

Wir hielten uns an den Händen, damit keine auf die Idee kam, aus dem Lkw zu springen.

Völlig erschöpft von den ständigen Halluzinationen, die uns abwechselnd auf der ganzen Fahrt bis Berlin begleiteten, krochen wir von der Ladefläche.

Cosmin gab mir einen Zettel mit der Adresse meiner Schwester Ruth und eine Busfahrkarte nach Steglitz.

Mir ist ganz komisch geworden. Schlagartig hat mich mein Mut verlassen.

Cosmin sah mich durchdringend an und wünschte mir, dass ich es schaffe, von dem Teufelszeug loszukommen. Als eisernen Notnagel gab er mir eine weitere Adresse, die er in meine Jackentasche schob, und flüsterte mir ins Ohr: „Aber nur als absoluten Notnagel!" Er drückte mich zum Abschied.

Ich glaube, er war froh, mich für immer los zu sein.

Benebelt von so viel Gutmütigkeit, die ich nicht mehr gewohnt war, verabschiedeten wir uns. Hastig drückte ich noch einmal Anuscha, ab dem Augenblick ging jede ihren eigenen Weg. Ich sah mich nicht noch mal um.

Es war ein beklemmendes Gefühl, plötzlich in einer Großstadt, die mir Angst machte, ganz auf mich allein gestellt zu sein.

Verunsichert suchte ich die Buslinie, die mich nach Steglitz, in die Lutherstraße bringen sollte.

Letzter Tagebucheintrag 01. August 1964

Ich muss mich fürchterlich anstrengen, um diese letzten Zeilen zu schreiben. Meine Hände zittern wie Espenlaub und ich habe keine Anuscha mehr, die mir die Arme festhält.

Meine Schrift ist nur noch ein reines Geschmiere, aber egal. Hauptsache ich kann meinen Seelenschutt entladen.

Meine Schwester habe ich getroffen und ich bin sicher, dass sie mir verzeihen wird. Ich bin nicht mit der Absicht hingegangen, ihr das Geld zu stehlen.

Die Sucht, die unbarmherzig und gnadenlos ist, hat mich dazu gezwungen.

Ich habe ihr Portemonnaie geplündert, um mir einen Schuss zu besorgen. Doch als ich dann unterwegs war, hat mich mein Gewissen geplagt. Außerdem habe ich mich daran erinnert, dass ich ja aufhören wollte mit dem Teufelszeug, das in meinem Körper langsam, aber sicher zur tickenden Zeitbombe wird.

Mali, ich habe lange mit mir gekämpft, fast den ganzen Tag. Gegen Abend habe ich den Entschluss gefasst, meiner Schwester das Geld zurückzubringen.

Ich wollte sie auch bitten, mir zu helfen, eine Klinik zu finden, damit ich von dem Scheiß loskomme.

Doch dann ist etwas passiert, womit ich überhaupt nicht gerechnet habe!

Ruth hat trotz meiner Klopf- und Klingelattacken ihre Tür nicht mehr für mich geöffnet.

Ruth ist zurück in der Gegenwart

Der Friedhofswärter spricht Ruth mit lauter Stimme an und berührt zur Unterstützung seiner Worte sachte ihre Schulter:

„Junge Frau, bitte gehen Sie nach Hause. Hier an diesem Ort können Sie nichts mehr tun."

Ruth sieht den Mann geistesabwesend an, so als komme er von einem anderen Stern.

Schwerfällig und steif in den Gliedern, immer noch die Plastiktüte mit dem Tagebuch fest in ihrer Hand, erhebt sie sich.

Ohne sich noch einmal umzudrehen, geht sie zur Bushaltestelle und zu dem Bus, der sie nach Steglitz in die Lutherstraße bringen soll.

Wie eine Gliederpuppe streift sie ihre durchnässte Kleidung vom Körper. Sie nimmt das Tagebuch aus der Tüte und legt es unter ihr Kopfkissen.

Völlig erschöpft legt sie sich schlafen, obwohl sie genau weiß, dass sie diese Nacht und noch viele darauffolgende Nächte sowieso nicht wird einschlafen können.

Ruths Seelenpein

Innerlich auf das Heftigste aufgewühlt, nimmt Ruth immer wieder das Büchlein unter dem Kopfkissen hervor. Das Gelesene bringt sie schier um den Verstand. Am liebsten möchte sie sich selbst zerfleischen und vor Schmerz und Schuldgefühl ihr Herz herausreißen.

Vor ihrem geistigen Auge sieht sie die kleine vorlaute Christin mit ihren Engelshaaren und den stahlblauen Augen lachend vor sich. Vergessen ist, was Christin ihr einst seelisch angetan hat.

Nacht für Nacht sucht Christin Ruth im Traum auf. In manchen Träumen zeigt Christin mit erhobenem Finger auf sie und schreit mit schmerzverzerrtem Gesicht:

„Du bist auch schuld an meinem Tod. Warum hast du mich nicht mehr reingelassen? Du hättest mich retten können."

An durchgehenden Schlaf ist nicht mehr zu denken, Ruth muss sich mit Tabletten aufrechthalten, um ihren Job machen zu können.

Seit dem Tod ihrer Schwester ist sie in psychologischer Behandlung.

Ruth leidet an Schlafstörungen und Konzentrationsschwäche.

Ihren Job erledigt sie nur mit vermindertem Antrieb. Sie zieht sich aus dem sozialen Umfeld zurück, das sie sich aufgebaut hat, und sieht alles nur noch pessimistisch.

Seit Christins Tod ist sie sehr nahe am Wasser gebaut. Schon morgens beim Aufstehen übermannt sie schiere Hoffnungslosigkeit.

Ihre Selbstvorwürfe, gegenüber Christin, werden übermächtig und drohen sie zu erdrücken. Sie fängt an sich wieder zu ritzen.

Entspannen kann sie sich erst wieder, wenn sie spürt, wie das warme Blut an ihren Armen herunterläuft.

Gerne würde sie die Jahre, Monate und Tage zurückdrehen. Stimmen in ihrem Kopf quälen sie unaufhörlich mit derselben Frage:

Warum trifft es wieder einmal mich? Was hat es mir letztendlich gebracht, so weit wegzuziehen, wenn die ganze Sache mich nun doch wieder einholt? Hätte ich Christin helfen können, wenn ich zu Hause geblieben wäre?

Nach vielen Nächten und Tagen der seelischen und körperlichen Selbstverstümmelung fasst Ruth einen Entschluss.

Einen Entschluss, der erneut ihr Leben ändern soll.

Sie kündigt ihren Job bei der LVA und verabschiedet sich von ihrer Tante Odette, die ihre Entscheidung gut verstehen kann.

Ruth reist zurück nach Durlach, um die Mitverantwortlichen an dem Tod ihrer Schwester zur Rechenschaft zu ziehen.

Zurück zu den Wurzeln

Es ist ein kalter Januartag 1965. Ruth trägt das Ticket nach Durlach seit einigen Tagen in ihrer Manteltasche.

Die letzten Vorbereitungen sind getroffen, ihr Sparkonto ist aufgelöst und die Wohnung, die sie so sehr geliebt hat, gekündigt.

Es fällt ihr schwer, alles, was sie sich so mühsam aufgebaut hat, wieder hinter sich zu lassen. Doch der Hass und die Rache treiben sie vorwärts. Sie will die Verantwortlichen zur Rechenschaft ziehen.

Das immer mächtiger werdende Gefühl der Vergeltung lässt die Trauer mehr und mehr in den Hintergrund treten.

Gedankenverloren schließt sie ihre Wohnungstüre ab und bringt ihrer Vermieterin die Schlüssel. Ein Nachmieter ist bereits gefunden und so kommt sie ohne weitere Kosten aus dem Mietvertrag.

Trotz warmer Winterjacke, Handschuhen und gelber Mütze geht sie frierend zum Bus, der sie zum Hauptbahnhof bringt.

Sie dreht sich nicht mehr um; zu schwer fällt ihr der Abschied aus Berlin.

Durch die lange Busfahrt ist sie in ihre Gedankenwelt abgetaucht. Sie steht nun am Bahngleis und erschrickt, als es plötzlich überdimensional in ihren Ohren dröhnt „Bitte einsteigen!"

Sie zieht ihr Gepäck, so wie damals vor fünf Jahren, hinter sich her, nur in die andere Richtung.

Sie hievt ihre schweren Koffer auf die Ablage über ihrem Sitz und setzt sich ans Fenster.

Sie starrt hinaus ins Leere und hört das gleichmäßige Rattern des Zuges, der sie erneut in eine für sie noch undurchschaubare Zukunft führt.

Monoton und dumpf tönt das Rattern des Zuges in ihren Ohren. Trostlos und endlos laufen Eisenbahnstränge parallel nach beiden Seiten, zwischen dem gelben Kies der breiten Fahrbahn. Wie Schatten fliegen die Büsche und Bäume, die nicht mehr in Blüte stehen, an ihr vorüber.

Es ist kalt und ungemütlich in dem Abteil. Sie ärgert sich über sich selbst, dass sie vergessen hat, eine Decke mitzunehmen.

Immerhin steht eine Fahrt von mindestens fünf bis sechs Stunden an, wenn sie das Umsteigen mitrechnet.

Düstere Gedanken begleiten sie während der Reise ins Unbestimmte. Sie hat keine Ahnung, in welche Geschehnisse sie erneut hineingezogen werden wird.

Geistesabwesend schiebt sie ihren gerade geschnittenen Pony auf die Seite.

Aus ihrem Augenwinkel sieht sie zwei Reihen von Bäumen vorüberhuschen, die traurig und verdurstend, vom Staub und Ruß erdrosselt am Wegesrand stehen.

Die an ihr vorüberhuschenden Gegenstände und Menschen haben etwas Gleichgültiges und Abgeschiedenes an sich, so als seien sie aus einem Puppentheater.

Mit leblosen, aber weit aufgerissenen Augen schaut Ruth zu dem Schaffner, der gerade kommt, um die Fahrkarte zu kontrollieren.

Mechanisch senkt sie ihren Blick und zieht ihr Ticket aus der Tasche. Ruth ist nicht fähig, auch nur ein Wort des Grußes zu erwidern.

Der freundliche Schaffner verlässt nickend zum Gruß das Abteil. Jäh muss sie an den alten Mann denken, der ihr einst auf dem Weg nach Berlin so gut gemeinte Ratschläge für das Leben mitgab.

Karlsruhe

Vor ihrer Abreise hat sie in einem Telegramm ihrer Mutter mitgeteilt, dass sie heute gegen 16 Uhr am Karlsruher Bahnhof ankommen wird.

Sie erwartet, dass ihre Mutter den Anstand besitzt, sie vom Bahnhof abzuholen.

Immerhin haben wir uns fast fünf Jahre nicht gesehen. Ob sie mich überhaupt wiedererkennt? Jetzt bin ich fast dreiundzwanzig Jahre und habe mich gewaltig verändert, denkt sie, während sie den Zug verlässt.

Ruth fühlt sich ausgelaugt und ausgetrocknet von den vielen Tränen, die sie in den letzten Tagen, Wochen und Monaten seit der Beerdigung vergossen hat.

Bei dem Gedanken, ihrer Mutter entgegenzutreten, verspürt sie Angst und Unsicherheit. Schlagartig werden Erinnerungen aus ihrer Kindheit wach.

Die endgültige Wahrheit über ihre Mutter und die Ungewissheit, ob sie überhaupt in die Wohnung gelassen wird, lassen Ruth nervös werden.

In diesem Augenblick ist sie sich nicht mehr so sicher, ob sie den richtigen Weg gewählt hat. Jedoch ist ihr klar, dass sie sich der traurigen Angelegenheit stellen muss.

Ruth glaubt, Christin rächen zu müssen; überdies ist sie nicht gewillt, alleine die Schuld an ihrem Tod auf sich zu nehmen.

Wartend setzt sie sich auf einen ihrer Koffer, ihre Augen blicken teilnahmslos Richtung Bahnhofsausgang. Vor lauter innerer Zerrissenheit zündet sie sich eine Zigarette der Marke HB an und inhaliert den Rauch tief in ihre Lunge ein.

Sie hält sich an ihrer Kippe fest, wie eine Ertrinkende an einem Strohhalm.

Nach zwei Stunden des Wartens ist sie es leid.

Aufgebracht geht sie mit ihrem Gepäck Richtung Ausgang und nimmt den nächsten Bus nach Durlach. Böse Gedanken und Rachegefühle kreisen in ihrem Kopf:

Am liebsten würde ich die Alte erwürgen! Unfassbar, was die sich einbildet; was glaubt die eigentlich, wer sie ist? Hoffentlich werde ich im Alter nicht auch so garstig.

Am besten ich miete mich erst in einer Pension in Durlach ein, denn wenn ich mit dieser Wut im Bauch zu ihr gehe, bringe ich sie direkt um.

Blöde Kuh, die Blöde!

Ruth lächelt in sich hinein, als sie an ihre Tante denkt: Dank ihr kann sie sich für einige Tage eine kleine Pension leisten.

Odette hat ihr zusätzlich fünfhundert D-Mark gegeben. Ruth wollte sie nicht annehmen, doch Odette hat behauptet, dass ein Teil ihres Lohnes zurückbehalten worden ist, für sogenannte Notfälle. Ruth ist dankbar für die intelligente Handlung ihrer Tante.

Sofort setzt Ruth ihren Gedanken in die Tat um und ruft, in Durlach angekommen, aus der nächsten Telefonzelle verschiedene Pensionen an.

Gott sei Dank habe ich genug Kleingeld mitgenommen, denkt sie erleichtert und steckt während der Telefonate Münze für Münze in den Kasten.

Eine geeignete Pension in der Nähe ihrer Mutter, die auch preislich für sie erschwinglich ist, ist schnell gefunden.

Ruth mietet sich für drei Tage ein. Als Erstes nimmt sie ein heißes Duschbad und hofft, ihren durchgefrorenen Körper aufzuwärmen.

Sie überlegt, eine Kleinigkeit zu essen, und besucht die kleine Pizzeria an der Ecke.

Es hat sich doch einiges verändert, denkt Ruth erfreut, *die Pizzeria war noch nicht hier, als ich weggegangen bin.*

Das erste Mal seit langer Zeit fühlt sie sich wieder lebendig und so entschließt sie sich, nach dem Essen die Pension noch nicht aufzusuchen.

Sie spürt das Verlangen nach einem Drink in einer stinknormalen Kneipe oder Bar. *Das tut meiner Seele bestimmt gut,* sinniert sie und lächelt in sich hinein.

Sie will sich einen entspannten Abend in der Lido Bar, zwei Straßen von der Pension entfernt, gönnen.

Sie trinkt alleine, knabbert gefüllte Oliven und nippt an einer Ananasschorle mit extra Kirschen und einer Orangenscheibe.

Grünes Scheinwerferlicht verfängt sich in den Schnapsflaschen, die auf verspiegelten Regalen stehen. Nur die Schatten der zwei Barkeeper verdunkeln das gespenstische Glühen hin und wieder. Ruth hat ihren Barhocker in den Schatten neben einem Lagerraum gerückt.

Mit gesenktem Kopf kauert sie über ihrem Drink, eine Zigarette in der Hand, und brütet vor sich hin.

Die jungen Kerle hinter ihr tuscheln und starren sie an, als sei sie gerade von der Mondlandung zurückgekommen.

Ruth trägt ein farbenfrohes Minikleid mit kleinen, auffallenden Nähten, die längs in anderer Stofffarbe zur Geltung kommen. Dieses Kleid betont ihre zierliche Figur und die Farbe ihres Outfits umschmeichelt ihr kinnlanges rotes Haar.

Ruth spürt die Blicke hinter ihrem Rücken und fühlt sich verunsichert; sie mag es nicht, wenn hinter ihrem Rücken getuschelt wird.

Jäh ist ihre gute Laune weggeblasen, sie trinkt hastig den Rest der Ananasschorle und verlässt enttäuscht die Bar.

In der Pension angekommen, grummelt sie entrüstet vor sich hin: „Immer das gleiche Spiel mit den Kerlen; was die sich bloß einbilden, kaum sehen sie einen Rock, spielen ihre Hormone verrückt."

Ruth legt sich, immer noch wütend auf sich selbst, dass sie sich so von den Kerlen hat verunsichern lassen, auf ihr Bett.

Ihre Gedanken kreisen in diesem Augenblick um die kleinen Techtelmechtel, die sie in Berlin mit dem einen oder anderen jungen Mann gehabt hat. Sie sinniert vor sich hin: *Nie habe ich mich auf eine ernste Beziehung eingelassen. Nichts habe ich beim Sex empfunden, es fällt mir schwer, Gefühle zu entwickeln. Immer noch höre ich die Worte meiner Mutter, als sei es gestern gewesen, in meinen Ohren: „Sex ist pfui und macht blind."*

Jetzt verstehe ich langsam, warum ich mich bei Berührungen, egal welcher Art, sofort verkrampfe.

Außerdem haben meine Liebhaber nie Rücksicht auf meine Gefühle genommen.

„Hauptsache die Jungs wurden ihren Druck in der Hose schnell los", seufzt sie leise vor sich hin und lässt ihre Gedanken weiterfließen.

Auf diese kurzen Beziehungen habe ich mich sowieso nur eingelassen, weil Tante Odette mich mal gefragt hat, ob ich diese Welt als olle Jungfer verlassen will.

Das hat mir doch zu denken gegeben und ich wollte nicht spröde sein.

Sie hat es als lustig abgetan, wenn ich ihr klargemacht habe, dass Sex Schrott in meinen Augen ist.

Odette hat nur gelacht und gemeint: „Warte ab, bis der Richtige kommt, dann klappt es auch mit dem Sex.

Außerdem seid ihr alle noch zu jung und habt keine Erfahrung mit der Liebe. Mach dir nix draus und nimm das Ganze nicht so unglaublich ernst."

Damit war das Thema Sex erledigt gewesen.

Komisch, Odette ist ganz anders als meine Mutter, viel entspannter und nicht so spießig, lässt Ruth ihre Gedanken ausklingen.

Mutter

In der Pension Sonnenschein hat Ruth seit vielen Tagen das erste Mal einige Stunden Schlaf gefunden. Sie fühlt sich ausgeruht und stark genug, ihrer Mutter gegenüberzutreten.

Es herrschen eisige Wintertemperaturen, obwohl Sonnenstrahlen sie auf dem Weg in die Luisenstraße begleiten.

Ruth ist erstaunt über die positive Entwicklung dieser Siedlung. Die Häuser sind im hellen freundlichen Grün gestrichen. Die Hauseingangstüren sind allesamt aus dickem Glas und die Briefkastenanlagen erneuert.

„Donnerwetter", rutscht es Ruth über die Lippen. „Das ist ja mal etwas Erfreuliches", sagt sie verwundert und spürt, wie sich ihre Stimmung ungemein hebt.

Kaum hat sie diese Worte ausgesprochen, wird sie übermächtig von Trauer und Schuldgefühlen gegenüber Christin übermannt.

Ihre Stimmung ist von hier auf jetzt umgeschlagen und so geht sie angesäuert Richtung Hauseingangstür, wo ihre Mutter nach wie vor wohnt.

Zwanzig Minuten muss Ruth klingeln, bis die Tür geöffnet wird. Mit einem Grummeln im Bauch steigt sie die drei Etagen nach oben.

Mit jeder Etage, der sie ihrer Mutter näher kommt, steigt auch ihr Blutdruck. Sie spürt es förmlich und schimpft sich selbst eine Memme.

Schlagartig straffen sich ihre Schultern und sie begibt sich in die Höhle der Löwin.

Die Tür steht auf, aber ihre Mutter ist nirgendwo zu sehen. „Typisch", schimpft Ruth vor sich hin. Sie strafft ihre Schultern, atmet tief durch und schließt selbstbewusst die Wohnungstür hinter sich.

Ruth begibt sich schnurstracks in jene allzu vertraute Atmosphäre, die sie als eiskalt empfindet.

Sie friert trotz des dicken Pullis.

Ob ich diese Kälte in der Wohnung auch schon als Kind so empfunden habe?, sinniert sie.

Ruth sieht sich um und bemerkt, dass sich auch hier einiges verändert hat. Das kleine Zimmer, einst Christins und ihr Kinderzimmer, ist zum Bad mit Toilette umgebaut worden. Die beiden anderen Räume sind vom Ursprung so geblieben. Die Möbel sind gegen modernere ausgetauscht worden; einen kleinen Schwarz-Weiß-Fernseher erblickt sie auf der modernen Kommode.

Ruth steht immer noch mitten im Raum, da ihre Mutter keine Anstalten macht, ihr einen Platz anzubieten. Abermals ergreift Ruth die Initiative und setzt sich demonstrativ an den Küchentisch. Sie ist nicht fähig, auch nur ein vernünftiges Wort herauszubringen.

Ihre Kehle fühlt sich an, als habe sie ein Reibeisen verschluckt. Ihre Stimmbänder sind wie angeschwollen.

Es kostet sie heftige Überwindung, ein Gespräch zu beginnen. Das Reibeisen in ihrem Hals will einfach nicht weichen und so artikuliert sie mühevoll einzelne Sätze: „Schön hast du es hier, hat sich ja doch einiges verändert." – Pause –

Als Antwort stellt ihre Mutter Gudrun, ohne sie anzusehen, eine Tasse frisch aufgebrühten Kaffee vor Ruth auf den Tisch und erwidert: „Du trinkst doch Kaffee, oder?" Ruth nickt mit ihrem roten Pagenkopf und betrachtet ihre Mutter, während ihre Gedanken sich verselbstständigen:

Komisch, ich habe das Gefühl, einer Fremden gegenüberzusitzen. Umso besser, so fällt es mir leichter, die Wahrheit aus ihr herauszuquetschen.

Verändert hat sie sich; schlanker und gepflegter sieht sie aus. Ihre dunkelbraunen Augen und die mittellangen braunen Haare, die sie offen trägt, umschmeicheln ihr Gesicht. Doch ihre trüben und kalten Augen zerstören ihre Schönheit.

Mit zusammengekniffenen Augen sieht sie auf mich herunter. Mit einer Körpergröße von ein Meter fünfundsechzig ist sie auch nicht viel größer als ich selbst.

Nun, sie ist schließlich meine Mutter, da muss ja irgendeine Ähnlichkeit vorhanden sein. Außerdem ist sie gerade mal vierzig Jahre alt, das vergesse ich immer.

Wenigstens hat sie die grässliche bunte Kittelschürze abgelegt, sinniert Ruth weiter.

Die unbehagliche Atmosphäre geht Ruth auf den Keks; um sie zu durchbrechen, erkundigt sich Ruth unvermittelt: „Warum hast du Christin so behandelt wie mich? ... Ach nee", beantwortet sie sich selbst die Frage, „gewissermaßen schlimmer als mich! Sie ist doch dein blonder süßer Engel gewesen; Christin durfte machen, was sie wollte; was hast du aus ihr gemacht? Warum hast du sie fallen gelassen? Erkläre mir das bitte! Warum warst du nicht bei der Beerdigung und warum hast du alles mir überlassen? Wo ist mein Stiefvater? Kennst du seine Adresse? Hast du ihm mitgeteilt, dass Christin tot ist? Noch eine Frage: Kennst du Christins Tagebuch?"

Sie zieht es demonstrativ aus ihrer Tasche und wedelt damit aggressiv vor Gudruns Nase hin und her. Ihre Mutter will danach greifen, doch Ruth steckt das Tagebuch blitzschnell wieder in ihre Tasche und hält es fest umklammert.

Weiter fragt Ruth mit eiskalter Stimme, die keinen Widerspruch duldet: „Warum hast du sie aus dem Haus getrieben, sodass sie die Straße in Kauf genommen hat? Laut ihrem Tagebuch hast du sie tyrannisiert, wegen ihrer ersten Verliebtheit. Stimmt das?"

Ruth glaubt, der Teufel habe plötzlich Besitz von ihr ergriffen. Ohne dass es ihr bewusst ist, schubst sie ihre Mutter vor sich her. Sie hofft, damit ihren ganzen inneren Schutt, den sie seit dem Tod ihrer Schwester mit sich herumträgt, loszuwerden.

Sie sieht das Entsetzen in den Augen ihrer Mutter. Das gibt Ruth ungeheuerlichen Auftrieb.

Schlagartig spürt sie den Schmerz des Ledergürtels auf ihrer Haut, mit dem ihre Mutter vor einigen Jahren auf sie eingedroschen hat.

Die Erinnerung daran macht sie noch wütender. „Sag schon", brüllt Ruth gereizt, „was ist passiert? Warum hast du die beiden unglücklich gemacht? Hat dein Hass gegen mich nicht gereicht?" Wieder schiebt sie ihre Mutter weiter Richtung Wand.

Ruth erblickt Panik im Blick ihrer Mutter, als diese antwortet „Er-er ha-ha-hat mich in flagranti mit einem Freier in unserem Bett erwischt."

Stille!

„Waaaas?", brüllt Ruth hysterisch. „Wie konntest du nur! Bäh, schämst du dich nicht? Du zwielichtige Hexe! Mich hast du ins Gesicht geschlagen, als ich meinen Körper erforschen wollte, und du vögelst mit einem Fremden rum!"

Wütend spuckt Ruth vor ihrer Mutter aus. „Du hast keine Ahnung, wie sehr ich dich verabscheue! Du hast nicht nur mein Leben zerstört, sondern auch das von Papa und Christin."

Ruths Pupillen werden klein und ihre grünen Augen lodern vor Hass und Zorn. Sie spürt, wie Rache zu ihrem Benzin wird.

Dicht steht sie vor ihrer Mutter. Sie spürt und hört deren hektischen Atem. Das gibt Ruth Auftrieb. Mit leiser, drohender Stimme faucht sie:

„Du bist für mich nichts und du wirst von dieser Welt ins Nichts verschwinden, ohne dass dich jemand vermissen wird.

Ich lasse mir etwas Besonderes für dich einfallen.
Das schwöre ich dir!"

Eine unangenehme Stille umgibt den Raum, nur das hektische Atmen der beiden Frauen ist zu hören.

Mit Jähzorn in der Stimme und ohne jegliche Vorwarnung brüllt ihre Mutter zurück: „Hast du überhaupt eine Ahnung, wovon du sprichst? Du Rotznase, du hast überhaupt nichts zu melden. Du kannst ja nicht einmal über den Tellerrand gucken, geschweige deine Schuhe zubinden. Sieh dich doch an, du kleine, unscheinbare Zwergin, du.

Nichts gelernt, kommst sozusagen aus der Gosse hierher zurück und meinst, du kannst mich rumkommandieren und den Racheengel spielen?

Glaubst du das wirklich?" Ihre Mutter hebt ihre rechte Hand und knallt Ruth mit dem flachen Handrücken ins Gesicht.

Die Ohrfeige kommt so unerwartet, dass Ruth es nicht hat erahnen können.

In diesem kurzen Augenblick des Schmerzes ist nur das Ticken der abgeschmackten alten Uhr, die noch aus Ruths Kindheit geblieben ist, zu hören.

Sie spürt, wie ihr Gesicht brennt, fühlt die Röte in sich aufsteigen. Der Abscheu gegenüber ihrer Mutter wird unerträglich, sie glaubt, dass der Zorn in ihrem zierlichen Körper gerade wie ein Hefeteig hochgeht und jeden Moment in tausend Krümel zerbröseln muss.

Sie spürt das Kribbeln auf ihren Handflächen und muss sich, ohne es verhindern zu können, kratzen.

Die schlimmen Eiterbläschen-Attacken aus der Kindheit haben sie wieder eingeholt. Sofort versteckt sie ihre rechte Hand hinter ihrem Rücken. Den Triumph will sie ihrer Mutter nicht gönnen.

Nachdem sie sich wieder in der Gewalt hat, geht sie erneut auf ihre Mutter zu und packt sie an den Schultern. Abermals presst sie deren Oberkörper an die Wand, drückt mit der rechten Hand auf Gudruns Kehle und zischt mit hasserfüllter Stimme: „Wenn du mir nicht auf der Stelle alles berichtest, was ich wissen muss, drücke ich erbarmungslos zu. Denk daran, ich habe nichts zu verlieren. Wie du schon gesagt hast, ich bin ein Nichts, nichts gelernt, im Moment ohne Arbeit und Brot, also eine sogenannte Schmarotzerin. Na, warum hast du Papa betrogen, warum?"

Gudrun stöhnt unter dem Druck auf ihrer Kehle; sie bekommt kaum einen Ton heraus, dennoch krächzt sie: „Euer Vater war geizig, er wollte immer nur sparen, sparen und Häusle bauen. Ihm ist es egal gewesen, ob unsere Bedürfnisse befriedigt wurden. Da habe ich mir halt was dazuverdient, um Christin zu ernähren.

Du bist ja schon früh abgehauen, also kannst du auch nicht mitreden. Überdies ist mir dein Stiefvater gehörig auf den Keks gegangen, mit Liebling hier und Liebes da.

Auf Schritt und Tritt ist er mir gefolgt; ich hatte keine Luft zum Atmen. Aus diesem Grund, und nur aus diesem, habe ich mir einen Freier besorgt, der gut bezahlte. Schließlich war deine Schwester sehr anspruchsvoll. Na ja, das hat sich ja jetzt auch erledigt."

Ruth atmet schwer; sie ist sprachlos ob dieser ungeheuerlichen Kaltschnäuzigkeit. Die Worte ihrer Mutter klatschen wie ein nasser Waschlappen um ihre Ohren. Augenblicklich löst sie die Hände von der Kehle ihrer Mutter und geht langsam rückwärts auf den Tisch zu.

Ruth muss sich setzen, um diese maßlose Gefühlskälte zu verdauen. Mit äußerster Anspannung ihres jungen Körpers holt sie sich selbst zurück in die Gegenwart.

Ruth setzt ihr Pokergesicht auf, sodass ihre Mutter nicht erahnen kann, was sich gerade in ihrem Kopf abspielt.

In Ruths Schädel brodelt es, während sich teuflische Gedanken entfalten. Der wallende und tief eingegrabene Zorn lässt Ruth stark und mächtig agieren. Nur ein einziger Gedanke hat noch Platz in ihrem Kopf.

Vor ihrem inneren Auge liest sie einige Zeilen aus dem Tagebuch; Ruth kann Christins Qualen fast körperlich spüren.

Beide Frauen halten ihren Mund geschlossen und Ruth ist unschlüssig, was sie als Nächstes tun wird. Sie weiß, wenn sie jetzt geht, wird ihr der Zutritt zu dieser Wohnung auf ewig verweigert sein.

Erneut gerät Ruth ins Grübeln. *Jetzt muss ich tricksen, denn ich will wissen, ob der Wohnungsschlüssel immer noch in der Schublade liegt. Diesen verdammten Schlüssel benötige ich, damit ich jederzeit hierher zurückkehren kann.*

Ruth gelingt es, sich mit eiserner Disziplin zu beruhigen. Unvermittelt fragt sie Gudrun: „Lebst du allein oder hast du einen Stecher, öhm, ich meine natürlich einen Freund?" Ruth fällt es unsagbar schwer, gelassen zu bleiben.

„Nein, ich lebe alleine und will auch niemanden mehr in der Wohnung haben. Wo wohnst du jetzt?", beantwortet Gudrun Ruths Frage mit einer Gegenfrage. Ruth überlegt einen Augenblick, bevor sie erwidert: „In einer Pension für drei Tage, dann verschwinde ich wieder von hier. Sag mal, hast du die Adresse von Vater? Es wäre mir wichtig, die zu erfahren."

Gudrun prustet vor Wut. Ruth spürt, wie ihre Mutter sich bei der Frage nach Dad ungemein zusammenreißen muss. Wütend ballt Gudrun ihre Hände zu Fäusten.

Sie holt tief Luft, um nicht wieder auszurasten, und erwidert: „An unserem Scheidungstermin hat er wohl in Balingen gehaust. Ob er jetzt noch dort lebt, weiß ich nicht."

„Aha", überlegt Ruth laut. „Wieso hat Papa Christin nicht geschrieben? Es gab doch keinen Grund, dies nicht zu tun."

Sie beobachtet ihre Mutter genau und sieht, wie diese zusammenzuckt, als sie vor sich hinmurmelt: „Stimmt, die habe ich ja total vergessen. Die Briefe liegen im Karton unter meinem Bett. Christin hat sie nie zu Gesicht bekommen." Kaum hat sie die letzten Worte gesprochen, brüllt Ruth erneut hysterisch ihre Mutter an: „Was für ein Monster bist du eigentlich? Ich muss mich ja schämen, dass sich so etwas unsere Mutter schimpft! Hast du überhaupt einen blassen Schimmer, was du mit den nicht ausgehändigten Briefen angestellt hast?"

Ruth ist total aufgewühlt. Mit Absicht fuchtelt sie wild mit den Armen in der Luft herum, und zwar so lange, bis es klirrt und scheppert.

Ihre Kaffeetasse mitsamt der Zuckerdose liegt in tausend Scherben vor ihr auf dem Teppich. Entsetzt und laut schimpfend rennt Gudrun aus der Wohnung ins Treppenhaus zur Besenkammer.

Ruth nutzt die Gunst der Stunde und reagiert blitzschnell. Sie eilt zu der im Tagebuch beschriebenen Schublade und öffnet diese.

„Aha", spricht sie zu sich selbst, „manche Gewohnheiten ändert sie offensichtlich nie."

Rasch nimmt sie den Reserveschlüssel an sich und schiebt ihn in ihre kleine Handtasche. Gerade noch rechtzeitig, denn ihre Mutter steht bereits mit der Kehrschaufel vor dem Tisch. Während sie, ohne ein weiteres Wort zu verlieren, die Scherben aufsammelt, führt Ruth das Wort aggressiv weiter:

„Sag mal, warum warst du nicht auf der Beerdigung deiner Tochter? Sie war doch dein Wunschkind, dein blonder süßer Engel, oder?

Wieso hast du alles mir überlassen? Sag schon, hat Vater von Christins Tod erfahren?"

Erneut herrscht das große Schweigen in der Küche. Sie belauern sich wie zwei Kampfhähne, die kurz davor sind, aufeinander loszugehen. Es fehlt nur noch der Startschuss!

Gudrun zischt: „Weil sie einfach abgehauen ist und mich betrogen hat. Das kann ich ihr nicht verzeihen, und nein, dein Vater weiß nichts von ihrem Tod."

Erzürnt faucht Ruth zurück: „Weißt du oder hast du überhaupt eine Ahnung, was dein kleiner Engel Christin durchmachen musste?

Weißt du das?

Ich glaube nicht, denn sonst hättest du sie suchen lassen, oder?"

Nach einer längeren, unerträglichen Pause schüttelt Gudrun ihren Kopf und antwortet im Flüsterton. „Nein, ich habe sie nicht suchen lassen. Warum auch? Sie ist doch abgehauen mit dem Schmarotzer von Kerl. Christin wollte es so, sie hat mich hinters Licht geführt und nicht ich sie!"

Entsetzt reißt Ruth ihre Augen auf und kann nicht glauben, was ihre Mutter da gerade rausgehauen hat.

Das sind ungeheuerliche, knallharte Worte, die ihr da um die Ohren geklatscht werden. Ruth schäumt vor Abscheu, als sie aufbrausend zurückbrüllt: „Du hast sie doch aus dem Haus getrieben, genauso wie mich! Hast du es getan, weil du es nicht ertragen konntest, dass sie in ihrer Verliebtheit glücklich war?

Meine Güte, sie ist doch gerade mal dreizehn Jahre alt gewesen und noch ein Kind!

Warum hast du sie nicht in ihrer jugendlichen Verliebtheit unterstützt und ihren Freund akzeptiert, anstatt sie einzusperren? Bist du dir überhaupt im Klaren darüber, was für ein eiskaltes Monster du bist? Der Teufel soll dich holen und dich langsam unter loderndem Feuer schmoren lassen!"

Ruth ist über die Worte ihrer Mutter so wahnsinnig empört, dass es ihr die Luft zum Atmen nimmt. Abrupt bewegt sie sich ans Küchenfenster und öffnet es. Sie braucht Luft, viel Luft, sie glaubt, sonst ersticken zu müssen.

Einige Minuten bleibt Ruth am Fenster stehen, um Zeit zu gewinnen. Zeit, um dieses unfassbare gefühllose Gehabe ihrer Mutter zu verdauen. Zeit, um innerlich Kraft zu sammeln.

Ruth dreht sich zu Gudrun um und befiehlt mit einer Schärfe in der Stimme, die keinen Widerspruch duldet. „Gib mir auf der Stelle die Briefe, die Dad Christin geschrieben hat. Ich will sie haben, sofort! Es ist mein Recht, denn ich habe es aushalten müssen, Christin unter die Erde zu bringen."

Ihre Mutter dreht sich weg und geht schnellen Schrittes ins Schlafzimmer. Wortlos holt sie den Schuhkarton mit den Briefen unter ihrem Bett hervor. Sie sind allesamt verschlossen und nicht geöffnet worden. Voller Wut reißt Ruth ihr den Karton aus der Hand, dreht sich um und geht Richtung Ausgang. Im Hinausgehen ruft sie ihrer Mutter zu: „Sicherlich wirst du dich jetzt über meine Worte freuen: Mich siehst du nie mehr wieder."

Ohne sich noch einmal umzudrehen, rennt sie die drei Etagen mit dem Karton unter dem Arm zum Ausgang.

Unterdessen hämmert wiederkehrend eine Stimme in ihrem Kopf die Worte: „Für diese Frau musst du dir eine besondere Strafe einfallen lassen. Es ist nur eine Frage der Zeit, bis du Rache an den Verantwortlichen für Christins Tod nehmen kannst."

Automatisch schaut Ruth nach oben in die dritte Etage. Sie sieht, wie ihre Mutter hinter dem Vorhang steht, der sich ständig bewegt. Völlig erschüttert geht sie eiligen Schrittes in ihre Pension. Ihre Mutter hat nicht die geringste Ahnung, wie tief und abstoßend Ruth sie verachtet.

Zwischenzeitlich ist es spät geworden und Ruth wünscht sich sehnlichst eine innerliche Gefechtspause. Sie hofft, eine solche kaltblütige Boshaftigkeiten nicht noch einmal in ihrem Leben erleben zu müssen. Auf dem Weg zur Pension holt sie sich noch vom Italiener einen Kaffee und begibt sich damit in ihr Zimmer.

Morgen, denkt sie, *werde ich Walter aufsuchen. Seine Mutter wird bestimmt wissen, wo er zu finden ist. Wie ich gesehen habe, steht noch das Klingelschild an der Hauseingangstür.*

Ruth spricht sich selbst Mut zu und flüstert: „Morgen ist ein neuer Tag." Sie setzt sich an den Schreibtisch in ihrem Zimmer und fängt an, die Briefe ihres Vaters an Christin zu lesen.

Erschüttert über das Geschriebene der ersten zwanzig Briefe, die sie zwischenzeitlich gelesen hat, begibt sich Ruth ins Bad und hofft durch eine lauwarme Dusche der tiefen Depression, in die sie beim Lesen der Briefe gefallen ist, wieder zu entweichen. Ohnmächtig vor Wut begibt sie sich ins Bett, obwohl sie genau weiß, kein Auge zutun zu können. Wider Erwarten fällt Ruth durch das Lesen der vielen Briefe schließlich doch in den wohlverdienten Schlaf.

Walter

Am folgenden Morgen schlendert Ruth ausgeruht durch die Straße ihrer Kindheit. Freudig registriert sie, dass ihr Lieblingsbaum, an dem sie als Kind so oft gesessen und ihrem Kummer freien Lauf gelassen hat, noch steht.

Schlagartig übernehmen traurige Gedanken das Ruder. Vor ihrem inneren Auge sieht sie sich und Silke auf der Bank sitzen.

Geistesgegenwärtig streift sie mit ihrem Handrücken über ihre Stirn, um diese übermächtig gewordenen traurigen Gedanken zu verscheuchen.

Ruth schlendert die Straße entlang, bis sie vor der ehemaligen Wohnung von Silke steht, wo anschließend nach Silkes Wegzug Walter, ihr bester Freund aus der Jugend, sein Domizil aufgeschlagen hat.

Ruth klingelt und wartet; sie hofft in Erfahrung zu bringen, wo er hingezogen ist.

Während sie abwartet, bis sie den Summer hört, driften ihre Gedanken erneut ab. *Walter wird jetzt auch fünfundzwanzig Jahre alt sein. Ob er sich verändert hat? Oder sieht er immer noch so unfertig aus?*

Ruth hört den Summer und drückt hastig die Tür auf. Beklommen steigt sie in die zweite Etage. Zum zweiten Mal heute werden Erinnerungen an ihre Freundin Silke wach. Sie ist traurig, überhaupt nichts mehr von ihr zu hören.

Wie sie wohl leben mag? Hat sie einen Beruf gelernt oder ist sie gar schon verheiratet – mit einem Hinterwäldler?

Zu gerne würde ich das wissen wollen.

In tiefer Dankbarkeit denkt sie an Silkes Mutter, die sie als Kind immer freundlich behandelt hat. *Sie war wie eine Mutter zu mir. Bei ihr fühlte ich mich wohler als zu Hause,* lässt sie ihre Gedanken *weiterfließen* und holt tief Luft, um sich auf den Besuch bei Walters Mutter zu konzentrieren.

Oben angekommen, duftet es nach frisch aufgebrühtem Kaffee und selbst gebackenem Hefezopf.

Ruth atmet tief durch. Nach der herzlichen Begrüßung nimmt sie dankend den Kaffee und nippt daran. Sie betrachtet Walters Mutter, Frau Schulz, und sinniert: *Sie sieht ganz anders aus als meine Mutter; gutmütig sehen mich die blaugrauen Augen an; sie scheint schon etwas älter zu sein. Sie ist eine gepflegte Erscheinung, adrett gekleidet und ihre dunklen Haare hat sie zu einem Dutt zusammengebunden. Die Figur ist leicht rundlich, dafür ist sie von großer Statur. Ich denke, sie wird ungefähr zehn Jahre älter als meine Mutter sein.*

Ruth wird erneut aus ihren Gedanken gerissen, als Frau Schulz sie anspricht: „Walter hat mir viel von Ihnen erzählt und er wird sich sicherlich freuen, Sie wiederzusehen. Weiß er schon, dass Sie in Durlach sind?"

Ruth schüttelt ihren roten Pagenkopf und antwortet: „Nein, er weiß es noch nicht, und ich freue mich, ihn wiederzusehen.

Hoffentlich geht es ihm gut? Ich wollte Sie fragen, ob Sie mir seine neue Adresse geben können." Frau Schulz lächelt und holt einen Stift und Block, während sie weiterspricht: „Mein Walter ist ein guter Junge. Ich weiß zwar nicht, womit er sein Geld verdient, aber er verdient gut! Er hat eine kleine Villa wenige Straßen von hier; hier haben Sie die Adresse.

Soll ich Walter anrufen? Sie müssen wissen, es war ihm wichtig, dass ich ein Telefon habe. Bis ich den Anschluss erhalten habe, hat es allerdings ziemlich lange gedauert. Die monatlichen Gebühren sind ebenfalls hoch, aber Walter übernimmt auch diese Kosten.

Es bedeutet ihm viel, jeden Tag mit mir zu telefonieren. Seit dem Tod seines Vaters kümmert er sich rührend um mich. Das ist halt mein Walter", schiebt sie dem Gesagten noch hinterher und lächelt versonnen.

Ruth genießt diese entspannte Atmosphäre; Frau Schulz unterbricht erneut die Stille und spricht weiter: „Ich habe eine Idee! Wenn Sie Walter überraschen wollen, dann kommen Sie doch morgen Mittag zum Essen. Walter kommt jeden Sonntag zum Essen. Ist das nicht eine gute Idee? Er könnte Sie anschließend mitnehmen und Ihnen seine Villa zeigen."

Frau Schulz ist selbst ganz aufgeregt von ihrem glorreichen Einfall und klopft sich auf die Schenkel, während sie ungeduldig fragt: „Sagen Sie schon, Ruth, ist das nicht eine gute Idee?" Ruth nickt lächelnd und freut sich darauf, morgen in gemütlicher Runde Walter wiederzutreffen.

Sie antwortet Frau Schulz freudestrahlend: „Er wird ganz schön dumm aus der Wäsche schauen, wenn ich am Mittagstisch sitze!"

Zufrieden mit dem heutigen Tag verabschiedet sich Ruth und begibt sich zurück in ihre Pension. Sie hat sich fest vorgenommen, am kommenden Montag das Einwohnermeldeamt aufzusuchen. Sie muss unbedingt die Adresse ihres Vaters herausfinden. Doch heute freut sie sich erst einmal auf das Wiedersehen mit Walter.

Erneut holt sie die Briefe ihres Vaters an Christin aus dem Karton, um sie zu Ende zu lesen. Gleichzeitig nimmt sie vorsichtig das Tagebuch aus der Plastiktüte, damit es nicht vollständig zerfleddert.

Geistesabwesend streicht sie über das Büchlein und glaubt den Schmerz, den Christin erlitten hat, zu spüren.

Ruth grübelt, wie es nun weitergehen soll. Die Pension kann sie sich höchstens noch bis Montag leisten.

Sie hofft inständig, dass Walter eine Lösung für sie parat haben wird, so wie früher. Entspannt lässt sie den Tag ausklingen und hofft für die nächsten Tage, dass sich ihr Plan positiv entwickeln wird.

Die Freude auf das Wiedersehen mit Walter ist groß.

Sorgfältig schminkt Ruth ihre Augen, sodass ihre grünen Pupillen strahlen und ihre Augen größer wirken.

Ihre roten, seidenweichen Haare, umranden ihr zartes Gesicht.

Sie wählt ein hellblaues Kostüm; und wie bei der Abreise nach Berlin setzt sie ihren knallgelben Krempelhut schräg auf ihren Kopf.

Bevor sie die Pension verlässt, wirft sie einen Blick in den Spiegel; sie ist ausnahmsweise zufrieden mit ihrem Spiegelbild und lächelt es freundlich an.

Ruth sitzt bereits am Mittagstisch, als die Tür aufgeschlossen wird. Walter strahlt über das ganze Gesicht, als er seine Mutter mit einem Kuss begrüßt.

Genau in diesem Moment entdeckt er Ruth, die lässig am Mittagstisch sitzt und ihn freundlich anlächelt. Walter schiebt vor lauter Freude seine Mutter beiseite und stürmt auf Ruth zu.

Er öffnet beide Arme, um sie freudestrahlend zu umarmen.

Ruth springt von ihrem Stuhl auf und stürzt auf ihn zu. Herzlich fallen sie sich freundschaftlich in die Arme.

Nach einigen Minuten der Begrüßung schiebt er sie sachte von sich weg und ruft: „Du glaubst ja nicht, wie sehr ich mich freue, dich nach fünf Jahren wiederzusehen! Du bist noch bezaubernder geworden, als du schon warst, du bist erwachsen geworden. Sicherlich reißt sich die Männerwelt um dich."

Ruth ist erstaunt, wie auch Walter sich zum Positiven verändert hat. Er ist schlank geworden, seine Pickel sind verschwunden und seine Haare hat er wachsen lassen. Ein kleiner Schnurbart umspielt seine Lippen.

Gemeinsam genießen sie das hervorragende Mittagessen und unterhalten sich angeregt. Nach dem Essen, als seine Mutter einen Kaffee aufsetzt, fragt Walter unverblümt: „Ruth, was beschäftigt dich so sehr, dass du zurückgekommen bist, obwohl du nie wieder zurückkommen wolltest?

Ich sehe dir an, dass du großen Kummer hast, denn deine Augen verraten dich. Sie schauen mich traurig und gleichzeitig abwesend an.

Was hältst du davon, wenn wir nach dem Kaffee zu mir fahren und du mir alles erzählst, was dich bedrückt?

Vielleicht kann ich dir ja helfen. Meine Verbindungen haben ich immer noch, wie du dir denken kannst."

In diesem Augenblick kommt Frau Schulz mit dem Kaffee in das Wohnzimmer und sagt zu Walter: „Deine Freundin Ruth wohnt in einer Pension; was meinst du, kannst du sie nicht für einige Tage, bis sie hier alles erledigt hat, bei dir aufnehmen? Du hast doch genug Platz, oder?" Ruth ist der spontane Einfall von Frau Schulz peinlich; Walter registriert es und antwortet blitzschnell: „Das wollte ich Ruth auch gerade vorschlagen", und er lacht dabei, während er weiterspricht: „Entschuldige, Ruth, meine Mutter ist halt, wie sie ist, sie will immer helfen und glaubt, eine weibliche Person für einige Tage in meinem Haushalt könne ja nicht schaden."

Bei diesen Worten umarmt er seine Mutter liebevoll. Am späten Nachmittag holt Ruth ihren gepackten Koffer und zieht als Gast in Walters Villa.

Während der darauffolgenden Tage erzählt Ruth Walter die traurige Geschichte ihrer kleinen Schwester.

Die Rachegedanken behält sie für sich. Walter ist bestürzt über das Gehörte und verstärkt noch mal sein

Angebot, ihr zu helfen, wo und wie immer es in seiner Macht liegt.

Auf Ruths Wunsch hin vermittelt Walter ihr einen Job im Lager eines Freundes. Es wird vereinbart, dass sie sich ihre Arbeitszeit frei einteilen kann.

Ruth stellt auf Anhieb für sich fest, dass sie ihren neuen Chef nicht mag.

Er ist mürrisch, spricht kaum ein Wort und er wirkt zerstreut. Sein düsterer Blick verheißt nichts Gutes. Sein Gang wirkt träge, obwohl er höchstens dreißig Jahre alt sein kann.

Wer weiß, wo Walter ihn kennengelernt hat, denkt Ruth.

Ihr Job ist eintönig, sie muss Ersatzteile, die neu eintreffen, katalogisieren und anschließend einsortieren. Immer wieder motiviert sie sich selbst, indem sie sich wiederholt sagt: „Augen zu und durch, es ist ja nur für eine bestimmte Zeit. Das, was ich zu erledigen habe, kann ich nur tun, wenn ich ein geregeltes Arbeitsleben habe."

Ruth ist dankbar, dass sie bei Walter kostenlos wohnen kann, bis sie sich schlüssig darüber ist, wie sie ihre weitere Zukunft gestalten wird.

Walter hat ihr im Gegenzug das Versprechen abgenommen, sein Geheimnis, dass er mit einem Mann liiert ist, zu wahren. Er deutet Ruth an, dass es strafbar ist, wenn seine Beziehung öffentlich wird.

Ruth ist das vollkommen egal, mit wem Walter lebt. Für sie ist er der beste Freund auf dieser Welt.

Walters Lebensgefährte Rainer trägt alle seine Entscheidungen, was Ruth betrifft, mit.

Rainer ist ein ruhiger Typ, das Gegenteil von Walter. Er ist kleiner und schmächtiger als Walter. Rainers Gesichtszüge sind weich, seine dunkelbraunen Augen blicken melancholisch. Rainers Lippen sind geschwungen und sinnlich. Seine lockigen vollen pechschwarzen Haare faszinieren Ruth. Rainer sieht eher aus wie ein Künstler und nicht wie ein Ingenieur. Er und Walter leben seit fast drei Jahren versteckt in der Villa. Sie achten peinlichst genau darauf, dass sie zu unterschiedlichen Zeiten das Haus verlassen und wieder betreten.

Rainer ist Bauingenieur und viel außerhalb von Deutschland unterwegs.

Das erleichtert vieles für die beiden.

Walter dagegen klüngelt nach wie vor mit Ware, die zwielichtiger Herkunft ist. Er organisiert, kauft, verkauft und tauscht, was gerade benötigt wird.

Gustav

Einige Wochen sind ohne wesentliche Vorkommnisse vergangen, als Ruth endlich vom Einwohnermeldeamt die Anschrift ihres Vaters erhält. „Das Warten hat sich gelohnt", murmelt sie vor sich hin.

Gleichzeitig hat Ruth Angst vor dem Wiedersehen mit Gustav. Sie spürt, wie sich ihr Herz zusammenzieht, wenn sie nur daran denkt, ihrem Vater vom Tod seiner Christin zu berichten.

Hilflos setzt sie sich in das gemütlich eingerichtete Zimmer, welches Walter ihr vorübergehend zur Verfügung gestellt hat.

Seit langer Zeit nimmt sie wieder einmal Christins Tagebuch zur Hand. Tränen der Hilflosigkeit strömen aus ihren Augen, sie kann sie nicht zurückhalten. Heftig wird sie von einem Weinkrampf nach dem anderen geschüttelt.

Alle Emotionen, die sie seit dem Tod ihrer Schwester begleiten, hat sie während der letzten Tage verdrängt. Übermächtig haben diese sie nun wieder eingeholt.

Sie hört nicht, wie Walter an ihre Tür klopft, zu sehr ist sie in ihrer Trauer gefangen. Ruth gibt keine Antwort, also öffnet er leise die Tür. Es zieht Walter das Herz zusammen, als er Ruth so zusammengekauert auf dem Bett sitzen sieht.

Er erschrickt und sein Magen krampft sich zusammen, als Ruth ihn so unendlich traurig ansieht. Ohne ein Wort zu sagen, nimmt er sie tröstend in den Arm.

Stillschweigend hält Ruth ihm die Adresse ihres Vaters unter die Nase.

Walter versteht ihren seelischen Ausbruch. Er erkennt, dass Ruth nach Rache schreit, aber nicht weiß, wie sie es anstellen soll. Beruhigend spricht er auf sie ein und verspricht ihr, sie nach Balingen zu ihrem Vater zu begleiten.

Das Wiedersehen

Es ist so weit, Ruth und Walter fahren nach Balingen. Sie hat in Erfahrung bringen können, dass ihr Vater immer noch im Polizeiarchiv arbeitet.

Das Tagebuch und die Briefe hat sie in eine separate Mappe gesteckt und trägt diese in einer alten Lederaktentasche mit sich. Es ist noch früh am Nachmittag, als Walter zu der angegebenen Adresse ihres Vaters fährt.

Mit weit aufgerissenen Augen fahren sie durch die schmutzigste Gasse von Balingen.

Ungläubig hält Ruth die Hände vor ihr Gesicht und schüttelt sich. Entsetzt murmelt sie vor sich hin: „Meine Güte, wo sind wir nur gelandet? Wieso wohnt mein Vater hier?"

Voller Inbrunst und mit unendlichem Hass in der Stimme spricht sie zu Walter: „Es ist nur noch eine Frage der Zeit, bis die Alte ihre Strafe bekommt. Schau nur, Walter, was diese Frau mit ihrer Familie angestellt hat, mich inbegriffen!"

„Hier ist es", antwortet Walter leise und hält den Wagen an einem heruntergekommenen Gebäude an.

„Bist du sicher?", ruft Ruth entsetzt. Walter nickt nur mit seinem Kopf.

Beide bleiben starr im Auto sitzen. Sie sind nicht fähig, auszusteigen. Walter hat Angst, dass ihm irgendeiner einen Stein in seinen Mercedes wirft.

Misstrauisch werden sie beobachtet; einige düstere Gestalten schleichen um das Auto herum. Walter gibt Gas und sie verlassen völlig perplex diese Straße. Schnurstracks fahren sie zu Gustavs Arbeitsstelle, dem Polizeirevier in Balingen.

Ruth begibt sich in die Wache und fragt nach Gustav Lutz.

Die anwesenden Polizisten sehen sie entgeistert und gleichzeitig fragend an. „Und mit wem haben wir es zu tun?", hört Ruth die Frage. „Ich bin seine Tochter und muss dringend meinen Vater sprechen."

Stille, nur ein Räuspern ist zu hören. Ein Kollege von Gustav kommt auf sie zu und beantwortet ihre Frage: „Gustav, öhm, Ihr Vater, arbeitet seit längerer Zeit auf eigenen Wunsch im Archiv, das sich am Rande der Stadt befindet. Hier die Adresse, soviel ich weiß, hat er in einer halben Stunde Feierabend. Ich wünsche Ihnen viel Glück."

Ruth verlässt kopfschüttelnd die Wache und kehrt resigniert zu Walter zurück.

„Was ist denn los? Läuft es nicht so, wie du es dir vorstellst?", fragt Walter. Ruth steigt ein und gibt ihm die Adresse des Polizeiarchivs. Er startet durch und sieht aus dem Augenwinkel einige Polizisten am Fenster stehen.

Walter ahnt Schlimmes, teilt Ruth seine Gedanken aber nicht mit. Beim Anblick so vieler Polizisten hat Walter es besonders eilig, die Gegend zu verlassen.

Gerade noch rechtzeitig hält Walter vor der Hausnummer sieben in der Hansestraße des Polizeiarchivs an. Ein großer hagerer Mann mit einer Schildkappe auf dem Kopf und geduckter Haltung verlässt gerade das Gebäude.

Ruth steigt aus und erschrickt zutiefst, als sie den einst so stattlichen Mann sieht, der gerade die Straße überqueren will.

Gustav nimmt, während er die Straße überquert, seine Kappe vom Kopf und streicht über seine Glatze.

Abrupt bleibt Ruth stehen und schüttelt ungläubig ihren roten Schopf, als sie entsetzt zu sich selbst sagt: „Wo sind seine schönen vollen blonden Haare geblieben?"

Ihr bleibt ihm wahrsten Sinne des Wortes die Spucke weg! Ruth kommen Zweifel, ob er es tatsächlich ist. „Papa?", ruft sie ihm unsicher hinterher.

Gustav dreht sich langsam in Ruths Richtung und schaut sie unsicher an. Zögernd geht er auf Ruth zu. Leise fragt er: „Ruth? Bist du es wirklich? Wie kommst du hierher und woher hast du die Adresse meiner Arbeitsstelle?"

Gustav ist so überwältigt, dass ihm seine Stimme versagt und seine Hände anfangen zu zittern. Ruth geht langsam auf ihn zu und ist zutiefst erschüttert darüber, wie er sich doch verändert hat. Ohne darüber nachzudenken, umarmt sie ihren Vater, den sie immer noch liebt wie am ersten Tag.

Vergessen ist für einen Augenblick die Vergangenheit. Stumm stehen sie sich gegenüber und sehen sich mit Tränen in den Augen an. Als Ruth die stahlblauen Augen ihres Vaters sieht, ist sie sich sicher. „Es ist mein Stiefvater!"

Gustav schiebt Ruth leicht von sich weg und spricht bewundernd: „Du bist eine richtig hübsche junge Dame geworden! Was führt dich denn zu mir? Ich dachte, du bist in Berlin glücklich geworden. Hast du deine Mutter und Christin besucht? Hattest du Heimweh nach uns?" Ohne Punkt, Strich und Komma hat er gesprochen, sodass Ruth zunächst gar nicht antworten kann.

Ihr zieht sich das Herz zusammen und tiefe Trauer erfasst sie. Leise seufzt sie und antwortet: „Komm Vater, fahren wir zu dir und trinken einen Kaffee, dann erzähle ich dir alles, was du wissen musst."

Stillschweigend schiebt Ruth ihren Vater auf die Rücksitzbank des Mercedes. Freundlich grüßt er Walter beim Einsteigen und fragt: „Ruth, können wir anderswo hingehen? Bei mir ist es nicht so gemütlich und dort, wo ich wohne, ist der Mercedes nicht so sicher."

Ruth beruhigt ihn und antwortet schlagfertig: „Papa, wir holen jetzt Kaffee und Kuchen und Walter setzt uns bei dir ab. Walter muss hier in Balingen noch einiges erledigen, deshalb holt er mich zwei Stunden später ab. Stimmt's, Walter?" Walter hat verstanden und nickt während der Fahrt mit seinem Kopf. Er weiß, dass es besser ist, wenn Ruth ihrem Stiefvater allein von dem Tod seiner Tochter erzählt.

Ruth hat Kaffee und Kuchen besorgt. Sie registriert, dass es ihrem Vater offensichtlich peinlich ist. Der Wagen hält vor der Haustür. Sofort starren einige, die auf der Straße lungern, gierig auf den weißen Mercedes. Hastig steigen Gustav und Ruth aus und Walter gibt Gas.

Ruth erschrickt, als sie das düstere und spärlich beleuchtete Treppenhaus betreten. Bestürzt steigt sie die morschen Treppen nach oben, in die zweite Etage.

Während des Aufstiegs steigt in ihrem Inneren die Wut ins Unermessliche. Schlagartig erinnert sie sich an ihre Kindheit, als sie von Heidelberg nach Durlach gezogen sind, in ein ähnlich heruntergekommenes Haus.

Nur, dieses hier schießt den Vogel ab, denkt sie fassungslos.

In diesem Haus wohnen offensichtlich die Ärmsten der Armen. Die Wohnungseingangstüren sind aus morschem Holz und beschädigt, teilweise sind sie gar nicht mehr verschließbar. Von oben ertönt das hysterische Schreien einer Frau, die offensichtlich verprügelt wird.

Die großen braunen Mustertapeten hängen an den Ecken des Treppenhauses zerfleddert herunter. Das Treppengeländer vermeidet sie anzufassen, sie hat Angst, daran kleben zu bleiben.

Gleichzeitig stellt sie fest, dass dieses Treppengeländer wie ein Kuhschwanz wackelt.

Schließlich erreichen sie Gustavs Wohnung.

Den nächsten Schrecken erleidet Ruth, als sie den Raum betritt, in dem ihr Vater wohnt.

Es ist unglaublich, was sie hier zu Gesicht bekommt!

Auf der rechten Seite befindet sich eine einfache Steinspüle, auf deren Ablage ein einfacher Gaskocher steht, für nur einen Topf. Über der Spüle ist ein Hängeschrank an der Wand befestigt, der kurz vor dem Verfall steht. Auf der linken Seite des Raumes steht ein einfaches Stahlgestell mit einer Matratze und einer Decke darüber. Mehr nicht!

Kaum ist drehen in der winzigen Toilette möglich.

In der Mitte des engen Raumes steht ein kleiner Tisch mit einem alten Stuhl davor. Die Funzel, die eine Lampe darstellen soll, wirft spärliches Licht in den Raum.

Das einzige Fenster dieses Zimmers ist zur Hälfte mit dicker Pappe verklebt. Geschockt bleibt Ruth stehen und schüttelt ungläubig den Kopf. Leise fragt sie ihren Vater:

„Um Himmels willen, Daddy, was ist denn passiert, dass du so hausen musst?" Ohne es verhindern zu können, schießen Tränen des Zorns und der Empörung in ihre Augen. Den Abscheu und die Wut, die sie gegenüber ihrer Mutter empfindet, werden in diesem Augenblick übermächtig.

Der Wunsch, ihre Mutter umzubringen, nimmt immer stärkere Formen an. Sie gibt ihr die alleinige Schuld an der Zwangslage ihrer Familie.

Ruth muss sich setzen, ihre Beine zittern wie Espenlaub vor Abscheu und Wut. Ihr Stiefvater kocht den Kaffee und stellt den mitgebrachten Kuchen auf den Tisch.

Keiner ist fähig, auch nur ein Wort zu sagen, zu peinlich ist beiden gleichermaßen diese Situation.

Ruth grübelt vor sich hin, wie sie ihrem Vater beibringen soll, dass Christin nicht mehr lebt.

Sie beobachtet ihn, während er den Kaffee eingießt, und registriert, wie sehr der einst stolze, große Mann, den sie selbst immer mit ihrem Lieblingsbaum verglichen hat, zusammengefallen ist.

Seine Augen liegen tief in den Höhlen, die Schultern sind nach wie vor breit, aber die Knochen der Schulterblätter stehen stark hervor. Sein Gesicht ist schmal und seine Hände sehen aus wie ein Gerüst aus Knochen. Ruth schreit innerlich auf, ihren Vater so zu sehen.

Unvermittelt übernimmt Gustav die Initiative und fängt an zu reden, während er in seiner Tasse rührt:

„Sicherlich wunderst du dich, dass ich hier so ärmlich lebe. Leider verdiene ich im Archiv nur 1.400 DM netto und der Unterhalt für Christin und deine Mutter fressen mich finanziell auf.

Außerdem spare ich für Christin, damit es ihr einmal besser gehen wird. Bei der Post habe ich ein Sparbuch für sie angelegt. Dieses Zuhause habe ich mir extra ausgewählt, weil ich unerkannt, als nicht existent gelten möchte.

Bei der Scheidung habe ich die Schuld auf mich genommen, damit Christin aus dem ganzen Ehekrieg rausgehalten wird. Zunächst lebte ich einige Jahre auf der Straße, bis mir der Magen Probleme bereitet hat. Seitdem bin ich schwer magenkrank und schon mehrfach operiert worden.

Eines Abends, vor ungefähr einem halben Jahr, kam es sogar so weit, dass jegliche Nahrung und Flüssigkeiten von meinem Körper nicht mehr aufgenommen worden sind, wodurch ich schier geplatzt bin. Diagnose: Darmverschluss. Zwei Stunden kämpften die Ärzte des Stuttgarter Klinikums um mein Leben. Mit Erfolg, denn ich überlebte den schwierigen Eingriff, doch aus meiner anfänglichen Freude folgte kurz darauf eine große Leere, denn mein operierender Arzt gab mir bei seiner alltäglichen Visite zu verstehen, dass ich nur noch wenige Wochen bis Monate zu leben habe, da sich mittlerweile überall im Körper Metastasen gebildet haben, die rasant an Größe gewinnen.

Aufzuhalten ist die Krankheit nicht mehr; aber das Wachstum und die Streuung können durch weitere Chemotherapie verlangsamt werden. Mir bleiben vielleicht, wenn ich Glück habe, noch zwei bis drei Jahre zu leben.

Weißt du Ruth, als ich von meiner Krankheit erfahren habe, habe ich in jenem Augenblick nicht wirklich realisiert, was um mich herum passiert. Aber ich atme und mir ist klargeworden, dass alles, wofür ich jahrelang gekämpft habe, in diesem Moment wie ein Kartenhaus zusammengefallen ist.

Es ist so, als laufe mein Leben plötzlich an mir vorbei. Der Satz, du wirst sterben, ist so endgültig und übermächtig.

Erstaunlicherweise habe ich keine Panik vor dem Tod; einzig und allein der Prozess des Sterbens macht mir Angst, weil ich nicht weiß, was danach kommt.

Von daher ist es mir egal, ob ich hier oder woanders sterbe.

Du bist zu mir gekommen, also hat sich einer meiner Wünsche erfüllt. Ich muss mich bei dir dafür entschuldigen, dass ich dir zu wenig den Rücken gestärkt habe." Bei diesen trostlosen und deprimierenden Worten ihres Vaters bleibt Ruth im wahrsten Sinne des Wortes der mitgebrachte Kuchen im Halse stecken.

Sie steht auf und umarmt ihren Vater innig und voller Mitgefühl. Vergessen ist für einen Augenblick, dass auch er sie in Stich gelassen hat.

Tränen laufen über ihr Gesicht und ihr Vater streichelt ihr sanft über das Haar. Leise spricht er weiter: „Den einzigen Wunsch, den ich noch habe, bevor ich sterbe, ist, meine Christin noch einmal zu sehen. Nur noch einmal. Ich hoffe, dass sie mir verzeihen wird. Das Sparbuch möchte ich ihr selbst überreichen."

Augenblicklich wird Ruth bei den Worten ihres Vaters bewusst, dass ihre Mutter weiterhin den Unterhalt für Christin kassiert, obwohl diese nicht mehr lebt.

Ihre Gedanken überschlagen sich, als sie weiterkonstruiert: *Dieses Miststück! Nicht nur, dass ihre Tochter tot ist, nein, sie schröpft auch weiter meinen schwerkranken Stiefvater. Wie sage ich es ihm nur, ohne dass er gleich tot umfällt? Mir wird speiübel bei dem Gedanken, wie Vater, der schon genug gelitten hat, reagieren wird, wenn er erfährt, dass Christin seine Briefe nie erhalten hat. Oder dass Christin auf dem Friedhof in Neukölln liegt. Und wie wird er reagieren, wenn er Christins Tagebuch liest?*

Ruth weiß es nicht. Langsam und beherrscht trinkt sie ihren Kaffee und hört ihrem Vater weiter zu.

Wiederkehrend fragt er Ruth, ob sie weiß, wie es Christin geht, und warum sie nicht mitgekommen ist. Und immer wieder beantwortet er sich die Fragen selbst: „Sicher hat Gudrun ihr schlimme Geschichten über mich erzählt, sodass sie mich nie mehr sehen will.

Irgendwann, wenn ich den Mut habe, werde ich ihr erneut schreiben und versuchen mich mit ihr zu treffen, natürlich nicht hier.

Versprich mir, Ruth, dass Christin nie erfahren wird, wie ich hier hause."

„Das verspreche ich dir, Dad", antwortet Ruth mit einem dicken Kloß im Hals, als ihre Gedanken weiter wild durcheinanderpurzeln: *Das ist sogar die Wahrheit! Christin wird es nie erfahren!*

Die zwei Stunden vergehen wie im Fluge. Ruth erzählt, dass sie vorübergehend in einem Lager arbeitet und sich einigermaßen über Wasser hält. Weiter erzählt sie, dass sie bei Walter, einem Freund, kostenlos wohnt. Ruth lässt sich die Telefonnummer vom Polizeiarchiv geben und verspricht wiederzukommen.

Walter wartet bereits in seinem Wagen, als Ruth aus der Haustür gerannt kommt. Vor lauter Frust und Erregung bekommt sie wieder ihre Eiterbläschen an den Handoberflächen, die sie bereits aufgekratzt hat.

Walter versucht sie zu beruhigen, doch es gelingt ihm nicht. Wie ein Häufchen Elend sitzt sie zusammengekauert auf dem Beifahrersitz und schaut mit starrem Blick auf den Straßenverkehr. Zwischenzeitlich schluchzt sie laut auf.

In der Villa angekommen, macht Walter einen Tee und spricht beruhigend auf Ruth ein.

Nach einer gefühlten Ewigkeit öffnet Ruth endlich gegenüber Walter ihr Herz. Die Worte sprudeln nur so aus ihr heraus. Zwischen ihren Worten schluchzt sie laut auf und schreit die Ungerechtigkeit, die ihr, ihrem Vater und Christin widerfahren ist, laut aus sich heraus.

Die gnadenlose Wahrheit

Ruth schläft die nächsten Tage und Wochen unruhig, ständig lassen sie böse Träume aufwachen und nicht wieder einschlafen. Sie grübelt darüber nach, wie sie ihre Mutter für das Elend, welches sie angerichtet hat, bestrafen kann.

Die Empörung und die Feindseligkeit, die sie gegenüber ihrer Mutter empfindet, treiben sie voran. Die unbeschreibliche Abneigung und die Wut gegenüber ihrer Mutter sind für Ruth wie Benzin.

Sie verliert sich selbst immer mehr aus dem Blick.

Ihre aufwallende Wut empfindet sie als eine Bedrohung, die sie nicht aufhalten kann.

Der aufkeimende Hass und der Wunsch nach Vergeltung an ihrer Mutter lassen Ruth nicht mehr zur Ruhe kommen.

Sie grübelt darüber nach, wie sie ihrem Vater den Verlust von Christin am besten beibringen soll.

Seit drei Monaten ist sie nun schon in Durlach und noch keinen Schritt weiter. Sie hat ihren Lohn zusammengespart, sodass sie jetzt wieder ein kleines

Geldpolster besitzt und ihren Job im Lager kündigen kann.

Für Walter stellt dies kein Problem dar. Er wünscht sich so sehr, dass seine beste Freundin Ruth ihre innere Ruhe wiederfindet. Er erträgt es nicht zu sehen, wie sie seelisch immer mehr verkümmert.

In diesen drei Monaten hat Ruth es nicht geschafft, ihrem Vater die Wahrheit über Christin zu sagen. Bei jedem Telefonat, das sie mit ihm auf seiner Dienststelle führt, nimmt sie sich vor, zu ihm zu fahren, um ihm reinen Wein einzuschenken.

Den Schlüssel, den sie ihrer Mutter aus der Schublade entwendet hat, trägt sie immer bei sich, so wie das Tagebuch.

Dieses Büchlein brennt ihr mehr und mehr unter den Fingernägeln. Ruth ist blind vor Verbitterung, sodass sie gar nicht mehr erkennt, wie sehr ihre Freunde, hauptsächlich Walter, sich um sie sorgen.

Ihr eigenes Leben interessiert Ruth derzeit nur am Rande, sie will nur Vergeltung. In dieser Nacht hat sie sich entschlossen, ihre Mutter erneut aufzusuchen.

Walter erklärt sie, dass sie am kommenden Wochenende mit ihm nach Durchlach fahren wird, um ihre Mutter zur Rechenschaft zu ziehen.

Walter findet diese Idee nicht so gut, redet es ihr aber nicht aus. Er setzt Ruth vor dem Haus ihrer Mutter ab und sie verabreden sich zum Kaffee bei seiner Mutter gegenüber.

Ruth ist äußerst nervös, sie muss sich überwinden, die Wohnung ihrer Mutter erneut zu betreten. Dafür hat sie sich heute besonders viel Mühe mit ihrer Kleidung gegeben.

Gezielt hat sie ihren lachsfarbenen Minirock mit einer weiten bunten Bluse gewählt. Ein breiter Gürtel betont ihre Taille. Die Schminke ihrer Augen hat sie ihren glänzenden roten Haaren angepasst. Die Stöckelschuhe lassen sie größer und selbstbewusst erscheinen. Sie will ihrer Mutter keinen Triumph gönnen, diese soll nicht glauben, dass sie leidet.

Ruth wartet, bis ein Bewohner das Haus verlässt, und schlüpft schnell durch die Haupteingangstür in das Treppenhaus. Sie geht leise nach oben, sodass ihr der Überraschungseffekt gelingen wird, wenn sie an der Wohnungstür klingelt.

Angemeldet hat sie sich bei ihrer Mutter ganz bewusst nicht. Den Wohnungsschlüssel hat sie bei Walter in der Villa gelassen, genauso wie das Tagebuch.

Oben angekommen, glaubt sie, ihr Herz würde ihr aus dem Leibe springen und ihre Mutter könnte hinter der Tür ihren Herzschlag hören.

Ruth bleibt einige Sekunden vor der Tür stehen, um sich zu beruhigen. Sie klingelt und geht sofort einen Schritt nach rechts, damit der Spion an der Tür sie nicht erfassen kann.

Sie hört ihre Mutter fragen: „Wer ist da?" Ruth murmelt verhalten leise: „Hallo Frau Lutz, ich bin es, Ihre Nachbarin, können Sie mir mit Mehl aushelfen?"
Stille.

„Moment, ich hole etwas", ruft ihre Mutter von drinnen. Einige Minuten ist es ruhig und dann hört Ruth. wie der Schlüssel herumgedreht wird. Gudrun, ihre Mutter, öffnet die Tür einen Spalt und hält das gewünschte Mehl für ihre vermeintliche Nachbarin aus der Tür.

Blitzschnell stellt Ruth ihren Fuß dazwischen und drückt ihre Mutter zurück in die Wohnung.

Erschrocken schreit diese auf, als sie Ruth gegenübersteht. Eilig schließt Ruth die Tür hinter sich. Sie schiebt ihre Mutter bis in die Wohnküche zurück und zwingt sie, sich zu setzen. Barsch flüstert sie: „Setz dich, ich muss mit dir reden!"

Gudrun will protestieren, doch als sie Ruths Blick sieht, bleibt sie still. Unmittelbar fängt Ruth an zu schimpfen und ihre Worte schlagen wie Peitschenhiebe auf ihre Mutter ein: „Ich war bei Vater." – Stille. – „Dem geht es nicht gut." – Stille. – „Er hat Krebs im Endstadium." – Stille. – Ruth beobachtet ihre Mutter, die sich immer mehr in den Stuhl drückt und kreidebleich ist.

Nach einigen Sekunden poltert Ruth weiter: „Wieso hast du Vater betrogen? Warum hast du ihm nicht gesagt, dass Christin abgehauen ist? Du Miststück hast ihm jeden Monat, obwohl Christin nicht mehr bei dir gelebt hat, 140 DM abgeknüpft. Das sind in zwei Jahren und mittlerweile sechs Monaten insgesamt 4.200 DM, die du ihn um sein sauer verdientes Geld geprellt hast!

Ist dir das klar? Wo ist das Geld? Wo hast du es versteckt? Ich will es haben, er braucht es dringend.

Dein Exmann haust im schlimmsten Loch und du lebst wie die Made im Speck! Ungeheuerlich."

Ruths Stimme überschlägt sich, ohne dass sie es will. Sie hat sich in Rage katapultiert. Wutentbrannt zieht sie ihre Mutter am Kragen ihres Kleides vom Stuhl hoch, während sie weiterbrüllt: „Wo ist das Geld? Gustav braucht es."

Gudrun hat sich in der Zwischenzeit vom Schock erholt und zischt, ohne mit der Wimper zu zucken: „Das Geld ist weg, ich habe das verdammte Geld nicht. Falls du es vergessen haben solltest, die Beerdigung deiner Schwester hat mich auch einiges gekostet."

Ruth zetert: „Du lügst, dass sich die Balken biegen. Du hast überhaupt nichts bezahlt, das hat deine Schwester Odette übernommen. Hast du es schon vergessen?" Erneut geht Ruth drohend mit geballten Fäusten auf ihre Mutter zu.

Im letzten Augenblick besinnt sie sich eines Besseren und geht rückwärts zurück an den Esstisch.

Schnippisch und ebenfalls emotionsgeladen brüllt ihre Mutter zurück: „Es ist trotzdem aufgebraucht und es stand mir zu. Schließlich habe ich Christin, genauso wie dich, großgezogen und auf vieles verzichtet, obwohl ich nie Kinder haben wollte.

Meine Mutter, deine Oma, ist daran schuld, dass ihr geboren worden seid.

Sie hat mir immer eingetrichtert, dass ein Mädchen heiraten und Kinder haben muss, um versorgt zu sein.

Ein Mädchen, so wie ich oder du es warst, hat die Haushaltsschule zu besuchen und sonst nichts. Es ist nie danach gefragt worden, was ich will, was mir gefällt, nein, es ist befohlen worden.

Übrigens, warum regst du dich so auf? Er ist doch überhaupt nicht dein Vater."

Ruth bleibt die Spucke weg, so viel Kaltschnäuzigkeit hat sie nun doch nicht von ihrer Mutter erwartet. Sie holt tief Luft und poltert zurück: „Gut, dann gehe ich jetzt zur Polizei und zeige dich wegen ungerechtfertigter Bereicherung und Betrugs an. Vater erzähle ich alles, was er wissen muss. Ich werde ihn gegen dich aufhetzen, damit er dich ebenfalls wegen Betrugs anzeigt."

Ruth steht auf, geht um den Tisch herum und spuckt angewidert vor ihrer Mutter aus. Dann verlässt sie ohne weiteren Gruß die Wohnung. Sie stolpert regelrecht die Treppen hinunter, so wütend und zornig ist sie.

Sie glaubt wieder einmal in tausend Stücke zu zerplatzen. Auf ihren Händen bilden sich erneut Eiterbläschen und sie kratzt sich so lange, bis sie das warme Blut spürt. Schnurstracks geht sie auf die gegenüberliegende Straßenseite und setzt sich unter ihren Lieblingsbaum, dem sie schon als Kind all ihren Kummer anvertraut hat.

Das erste Mal seit Langem spürt sie, dass es Frühling geworden ist.

Ihre Gedanken schweifen für einige Sekunden weg von ihrem Kummer. *Komisch, wieso habe ich bisher nicht gemerkt, dass alles um mich herum blüht?*

Bitte, ihr warmen Sonnenstrahlen, dringt in meine Seele ein; sie tun mir so unsagbar gut.

Wieso muss ich diese Last tragen? Ich bin doch selbst noch so jung! Warum ich?

Warum ist das Leben so trostlos und leer? Hat mein Vater es wirklich verdient, auch so elendig wie Christin zu sterben?

Bei diesem Gedanken schieben sich schlagartig drohend dunkle Wolken vor ihren hübschen Kopf. Unmittelbar spürt sie die ersten warmen Sonnenstrahlen nicht mehr.

Verzweifelt erhebt sie sich von der Bank und begibt sich zu ihrer Verabredung mit Walter.

Freundlich wird Ruth von Frau Schulz begrüßt. Es duftet herrlich nach frischem Kaffee und selbst gebackener Obsttorte. An dem zwanglosen Gespräch zwischen Walter und seiner Mutter hat Ruth heute keine Freude. Gequält lächelt Ruth Frau Schulz an.

Frau Schulz spürt Ruths Verzweiflung und fragt sie vorsichtig, ob sie etwas für sie tun kann; doch Ruth verneint freundlich.

Es ist spät geworden und Ruth presst sich auf der Rückfahrt in den Sitz des Mercedes. Auf dem ganzen Weg bis zur Villa sprechen Ruth und Walter kein Wort miteinander.

Gedankenverloren geht Ruth in ihr Zimmer. Sie hört Walter noch rufen: „Meine Kleine, morgen reden wir ausführlich miteinander. So kann es mit dir nicht weitergehen, bitte versuche zu schlafen und denke daran, morgen ist ein neuer Tag."

Leise schließt Ruth die Tür hinter sich. Erneut findet sie keinen Schlaf, denn bedrohliche Gedanken beschäftigen sie.

Mitten in der Nacht steht sie auf und nimmt Christins Tagebuch zur Hand. Abermals fängt sie an, einige Zeilen zu lesen. Sie hofft, aus diesem Büchlein eine Eingebung zu erhalten, wie sie ihre geplante Vergeltung vorantreiben kann.

In den frühen Morgenstunden hat Ruth einen Entschluss gefasst, der ihr seelisches Leid beenden soll.

Denn sie will leben und dieses Trauerspiel abschließen.

Konzentriert denkt sie an den Mann im Zug, der ihr einst jene lebensbejahenden Ratschläge gab, die sie damals mit sechzehn Jahren noch nicht verstanden hat.

Walter ist noch nicht aus dem Haus und Ruth bittet ihn in einem langen Gespräch um Hilfe. Walter hat

Verständnis dafür und veranlasst alles, was für Ruths Vorhaben notwendig ist.

Ruth verabredet sich am kommenden Wochenende mit Gustav. Walter hat ihn zu sich in die Villa eingeladen. Er sorgt dafür, dass Ruth mit ihm in den nächsten Stunden allein sein wird. Er selbst fährt mit Rainer einige Tage zur Erholung an die See. Er gibt ihr die Telefonnummer seines Hotels und versichert, jederzeit für sie erreichbar zu sein.

Ruth kann es kaum abwarten, ihren Vater abzuholen. Zwischenzeitlich ist sie nicht untätig gewesen: Sie hat eine Anzeige wegen Unterschlagung machen wollen, jedoch hat die Polizei die Anzeige nicht aufgenommen, mit dem Argument, dass ihr Vater dies selbst tun müsse.

Enttäuscht hat sie die Wache verlassen.

Auf dem Amt für Beihilfe zum Unterhalt hat sie ebenfalls nachgefragt, ob ihre Mutter für Christin Beihilfe erhalten hat.

Auch hier hat sie keine Auskunft bekommen, hofft aber, dass das Amt entsprechend recherchieren wird.

Es wäre ihre einzige Chance gewesen, ihre Mutter beim Amt anzuzeigen. Ruth sieht keinerlei Erfolg mehr, das zu Unrecht einbehaltene Geld ihrer Schwester zurückzubekommen. Zu gerne hätte sie dies ihrem Vater Gustav zurückgegeben.

Ruth und Walter fahren einige Tage später nach Balingen, um Gustav abzuholen. Je näher Ruth ihrem

Ziel kommt, umso nervöser wird sie. Die innere Unruhe bereitet ihr Herzklopfen. Als ihr Vater aus der Haustür kommt, muss Ruth feststellen, dass er noch magerer geworden ist.

Schulterzuckend erklärt Gustav ihr, dass er vor einigen Tagen eine weitere Chemo erhalten habe und es ihm daher noch nicht wirklich sehr gut geht. Lächelnd sagt er zu Ruth: „Danke, dass du mich für einige Stunden hier rausholst, wie soll ich das je wiedergutmachen?". Sie kann und will nicht antworten. Ihr wird schlecht bei dem Gedanken, ihrem Vater reinen Wein einschenken zu müssen.

Erstaunt betrachtet Gustav die Villa und sagt schalkhaft zu Ruth: „Halte dir den Jungen bloß warm, er ist offensichtlich eine gute Partie." Ruth antwortet lächelnd: „Ach Papa, er ist ein sehr guter Freund und ich bin froh, dass ich ihn habe."

Walter verabschiedet sich höflich und steigt in sein Auto, um seinen Kurzurlaub anzutreten.

Ruth atmet tief durch und lenkt sich ab, indem sie in aller Ruhe das Mittagessen vorbereitet. Sie muss Zeit gewinnen, denn sie kann absolut nicht einschätzen, wie ihr Vater auf Christins Tod reagieren wird.

Bewusst versucht Ruth, entspannt über die Zeit in Berlin zu plaudern. Nach dem Essen räumen sie gemeinsam den Mittagstisch ab und Ruth bemerkt, dass ihr Vater für einen kurzen Augenblick aufblüht.

Umso schwerer fällt es ihr, das Gespräch in die richtige Richtung zu lenken. Mit Walter hat sie sich darauf geeinigt, dass ihr Vater für diese Nacht, wenn er das Gespräch nicht verkraften sollte, bleiben kann.

Ein Gästezimmer ist bereit hergerichtet.

Plötzlich ergreift Gustav die Initiative und spricht Ruth direkt an: „Mein Mädel, ich spüre doch, dass du eine schwere Last auf deinem Herzen trägst. Willst du es mir nicht sagen? Irgendetwas stimmt doch nicht mit dir und ich wundere mich immer noch darüber, warum du hier und nicht in Berlin bist. Butter bei die Fische, Ruth, ich bin nicht aus Zucker und ich habe so einiges hinter mir, wie du weißt. Raus damit, vielleicht kann ich dir ja jetzt helfen und dir zurückgeben, was ich in deiner Jugend versäumt habe." Er lächelt Ruth aufmunternd an, bevor er weiterspricht: „Ich glaube nicht, dass es etwas Schlimmeres gibt als die Mitteilung, dass man selbst, in diesem Fall ich, bald nicht mehr auf dieser Welt unter den Lebenden sein wird."

Schlagartig tritt eine unangenehme Stille ein und eine undefinierbare Trostlosigkeit macht sich im Raum breit.

Stillschweigend steht Ruth auf, geht in ihr Zimmer und kommt mit den Briefen, die ihr Vater an Christin geschrieben hat, zurück.

Gustav springt aus seinem Sessel und sieht Ruth ungläubig an. Jedes einzelne Wort presst er aus sich heraus: „Die – kommen – mir – so – bekannt – vor."

Er greift nach den Briefen und lässt sich wieder schwerfällig in den Sessel fallen.

Er legt die Briefe, die er selbst geschrieben hat, vor sich auf den Tisch. Seine Hände zittern, als er einen davon in die Hand nimmt. Laut stöhnt Gustav auf, sodass Ruth glaubt, sein Herz würde ihm bei lebendigem Leib herausgerissen.

Verbittert und unendlich traurig schaut er Ruth an, während Tränen über sein Gesicht laufen.

Ruth springt auf und versucht ihn zu trösten.

Tonlos murmelt sie: „Dad, ich wollte dir das hier und das, was ich noch zu sagen habe, ersparen, aber ich darf es nicht. Du hast verdammt noch mal ein Recht darauf zu erfahren, was mit deiner Tochter geschehen ist.

Die Briefe hier", sie zeigt auf den Tisch, „sind nur der Anfang."

Gustav lässt die Briefe apathisch durch seine Finger gleiten. Brief für Brief fällt auf den Boden.

Den letzten Brief hält er fest und fragt Ruth mit tonloser Stimme: „Hat Christin diese Briefe nie erhalten? Wo hast du sie her? Ruth, sag doch was." Gustav springt erneut auf und rüttelt Ruth an den Schultern.

Ruth schreit den Schmerz, der sie schier zerreißt, laut aus sich heraus und sagt mit Hysterie in der Stimme:

„Meine Mutter und deine Gudrun hat diese Briefe nie an Christin weitergegeben. Sie hat sie alle unter ihrem Bett in einem Schuhkarton aufbewahrt."

Auf Ruths Handrücken bilden sich durch den augenblicklichen Stress erneut Eiterbläschen. Auf der Stelle möchte Ruth ins Nichts verschwinden. Sie spürt, wie ihre Seele vor Wut, Hass und Vergeltung brennt.

Sie geht auf ihren Vater zu, der aussieht, als ob er jeden Moment den Boden unter seinen Füßen verliert.

Sie halten sich für einen Moment fest umschlungen, wie zwei Ertrinkende.

Behutsam löst sich Ruth aus der Umarmung und drückt ihren Vater wieder in den Ohrensessel. Leise und mit bedrückter Stimme sagt sie zu ihm: „Oh Dad, Christin hat keine Gelegenheit bekommen, deine Briefe zu lesen."

Stille, unheimliche Stille erfüllt den Raum.

Gustav sieht Ruth ungläubig an und fällt in sich zusammen. Ruth schreit erschrocken auf: „Dad, Dad hast du gehört, was ich gerade gesagt habe?

Dad, was ist mit dir?

So antworte mir doch – bitte!", fleht sie. Gustav hört verzerrt Ruths Stimme, doch die Stimme ist weit weg. Er starrt Ruth an, als ob er sie nicht kenne.

Verzweifelt versucht Ruth unterdessen ihren Vater wieder auf die Beine zu stellen. Er ist nach Ruths Worten einfach vom Sessel gefallen und hat sie ungläubig angestarrt.

Erneut schreit Ruth selbstquälerisch „Papa, was machst du? Steh bitte auf!" Doch Gustav sieht sie immer noch wie eine Fremde an und versucht sich zu bewegen, aber es geht nicht! Seine Muskulatur will nicht, sie ist schlaff und schwabbelig wie Pudding.

„Meine Güte, Dad, bin ich jetzt auch noch an deinem Herzinfarkt schuld?"

Hoffnungslosigkeit macht sich in ihr breit und sie kann keinen klaren Gedanken mehr fassen. Geistesgegenwärtig greift sie zum Telefon und ruft Walter an. Qualvoll schreit sie in den Hörer: „Walter, bitte komm schnell, ich glaube, mit meinem Vater stimmt etwas nicht. Er kann sich nicht mehr bewegen, bitte, bitte komm!"

Sie hat völlig vergessen, dass er sich gar nicht in Durlach aufhält. Den Hörer knallt sie auf die Gabel und rennt zu ihrem Stiefvater.

Er ist völlig weggetreten, er ist offensichtlich gerade nicht auf dieser Welt, denkt Ruth und bereut schon jetzt, dass sie ihrem Vater einen Teil der Wahrheit mitgeteilt hat.

Nach einer für Ruth gefühlten Ewigkeit klingelt es in der Villa Sturm. „Nanu", murmelt sie vor sich hin, „Walter hat doch einen Schlüssel?!"
Kopfschüttelnd, mit zerzausten Haaren und von Schminke und Tränen verschmiertem Gesicht öffnet sie die Tür.

Vor ihr stehen Sanitäter. Sie bekommt in Trance mit, wie sie ihren Vater auf der Trage abtransportieren.

Völlig aufgelöst bittet sie darum mitfahren zu dürfen. Die Sanitäter geben ihr die Anschrift mit Telefonnummer des Karlsruher Krankenhauses und bitten sie, am kommenden Tag anzurufen. Dann könne man ihr mehr berichten.

Noch völlig aus der Spur, belastet mit schlechtem Gewissen, schließt sie die Tür und lässt sich auf die Couch fallen.

Ruth weiß hinterher nicht mehr, wie viele Tränen sie an diesem Abend vergossen hat.

Nach schrecklichen Tagträumen ist sie schließlich auf der Couch eingenickt, als sie plötzlich Walters Arme spürt, die sich tröstend um sie legen.

Er flößt Ruth eine halbe Tablette Valium ein, die ihm seine Mutter vorsorglich mitgegeben hat.

Nach dem Telefonat hatte er nicht mehr die Ruhe, seinen Kurzurlaub zu genießen. Postwendend hat er alles sausen lassen und ist noch am selben Abend zurückgefahren.

Bevor er zurück in die Villa geht, macht er noch einen Abstecher bei seiner Mutter. Walter erzählt ihr Ruths traurige Schicksalsgeschichte. Auch sie ist erschüttert und murmelt fortlaufend: „Dieses arme Mädchen."

Ruth schläft in dieser Nacht mithilfe der halben Valium Tablette das erste Mal seit Monaten ohne Träume.

Ausgeschlafen springt sie am nächsten Morgen aus dem Bett. Augenblicklich erinnert sie sich an die schrecklichen Stunden des vergangenen Tages.

Schmerzlich grübelt sie: *Warum ist das Leben so hart und ungerecht? Wie kann ich meinem Vater nur helfen? Er macht jetzt das Gleiche durch wie ich vor einigen Monaten. Lieber Gott, lass ihn überleben, er hat es nicht verdient zu sterben.*

Jetzt hat sie Zeit, sich um Dad zu kümmern, er muss die ganze Wahrheit kennen. Er muss Christins Tagebuch lesen, damit er weiß, dass sie tot ist und woran sie gestoben ist. Sie hofft, zusammen mit ihrem Vater die Verantwortlichen zur Rechenschaft ziehen zu können.

Dieses Ziel will sie auf Biegen und Brechen erreichen.

Ruth fährt mit der Bahn in die Klinik. Walter ist erneut für einige Wochen auf „Geschäftsreise", wie er es nennt. Wohin er reist oder wo er sich aufhält, erfährt sie auf ihre Frage hin, nicht.

Bevor er die Reise antritt, neckt er Ruth und streichelt sie am Kinn. Scherzend sagt er zu ihr: „Liebe Ruth, was du nicht weißt, macht dich auch nicht heiß. Es muss dir genügen, wenn ich dir sage, dass ich untertauche." Ruth hat verstanden und fühlt sich plötzlich sehr alleine in dieser großen Villa.

Rainer, Walters Lebensgefährte, hält sich ebenfalls für einige Monate im Ausland auf.

Vater im Krankenhaus

Ruth betritt das Krankenzimmer.

Dr. Willich, der Stationsarzt aus der inneren Abteilung, bittet sie zu einem Gespräch.

Ruth registriert, dass er noch ein sehr junger Arzt ist. Sie findet ihn sehr sympathisch; sie fasst Vertrauen zu ihm und hört ihm zu, was er zu berichten hat.

„Ihr Vater hatte einen Zusammenbruch des Nervensystems. Daraufhin versagte seine Muskulatur, aus diesem Grunde konnte er nicht mehr aufstehen. Irgendetwas muss ihn zutiefst erschüttert haben. Ihr Vater schweigt beharrlich, sodass wir ihm nicht helfen können. Wir wissen wohl aus seiner Krankenakte, dass er sich wegen Magenkrebs lange in der Klinik aufgehalten hat.

Fräulein Bogen, Ihr Vater darf sich nicht aufregen, es könnte seinen Tod bedeuten." Ruth zuckt mutlos mit den Schultern und antwortet: „Es tut mir leid, Herr Dr. Willich, darauf kann und darf ich keine Rücksicht nehmen. Seine Tochter, meine Halbschwester, ist an einer Überdosis Heroin gestorben und das muss ich ihm sagen, bevor er stirbt. Er wartet jeden Tag darauf, dass sie sich bei ihm meldet. Ich kann mit diesem

Wissen nicht mehr weiterleben. Er hat ein Recht darauf zu erfahren, was passiert ist.

Gestern hat ihn die Wahrheit, dass seine Tochter Christin seine Briefe nie erhalten hat, umgehauen.
Meinen Sie nicht auch, Herr Doktor, dass eine schlimme Wahrheit immer noch besser ist als keine Wahrheit?
Er wird sich ewig Vorwürfe machen, denn er gibt sich selbst die Schuld daran, dass sie ihn nicht besuchen kommt.

Vielleicht bekommt er ja durch die – wenn auch grausame – Wahrheit neue Energie, eine andere Energie, die ihn weitertreibt, die Verantwortlichen zur Rechenschaft zu ziehen.

Verstehen Sie mich, Herr Doktor Willich? Geben Sie ihm Beruhigungspillen oder sonst etwas, damit er die nächsten Tage stabil bleibt. Auch ich habe bis vor kurzer Zeit psychologische Behandlung in Anspruch genommen. Sehen Sie mich an, ich mit meinen dreiundzwanzig Jahren, ein lebendes Wrack, trage diese Last schon einige Monate mit mir herum. Ich will und kann es nicht mehr für mich behalten.

Meine Jugend ist zerstört, ich finde kaum noch Schlaf und das Leben ergibt für mich keinen Sinn mehr.

Ich komme mir manchmal vor wie eine wandelnde Tote, ohne jedes Gefühl.

Ich habe mich gefühlt wie ein Zombie, der morgens kaum aus dem Bett kommt und den Tag in einem Dämmerzustand verbringt. Dieses Wissen lastet auf meinen Schultern wie ein Sack Zement. Ich kann nicht mehr schlafen, bekomme kaum noch einen Bissen herunter und kann nicht mehr frei atmen."

Ruth trinkt das ihr angebotene Glas Wasser, ohne abzusetzen, aus. Sie fühlt sich ausgetrocknet, wie ein Fisch an Land.

Still hört Dr. Willich der emotionsgeladenen Rede Ruths zu. Es fällt ihm schwer, darauf zu antworten. Er hat ihren Hilfeschrei verstanden.

Mitleidvoll sieht er sie an und ist erschüttert, dass eine so zierliche Frau eine derart große Last zu tragen hat.

Er überlegt kurz, bevor er eine Antwort gibt.

„Also gut, Fräulein Bogen, Ihr Vater darf das Krankenhaus morgen verlassen. Bitte sorgen Sie dafür, dass er täglich die Tropfen nimmt, die ich Ihnen jetzt aufschreibe." Er setzt sich an den Schreibtisch und schreibt ein Rezept auf, welches er anschließend Ruth übergibt. Machen Sie Ihrem Vater klar verständlich, dass dieses Medikament lebensnotwendig für ihn ist. Hier gebe ich Ihnen auch meine Durchwahl vom Krankenhaus, falls Sie meine Hilfe benötigen. Auch Ihnen Fräulein Bogen rate ich dringend dazu, sich ebenfalls in ärztliche Behandlung zu geben." Freundlich bittet er sie in das Zimmer ihres Vaters zu folgen.

Ruth holt telefonisch Walters Einverständnis ein, ihren Vater für einige weitere Tage im zweiten

Gästezimmer unterzubringen.

Walter hat sie erklärt, dass sie ihrem Vater die ganze Wahrheit sagen muss. Aus diesem Grund möchte sie ihn im Auge behalten. Sie habe Angst, dass er erneut, im wahrsten Sinne des Wortes, aus den Latschen kippt.

Ruth hat sich im Gegenzug angeboten, weiterhin den Haushalt für ihn und seinen Freund zu führen. Walter ist damit einverstanden, ja sogar froh, dass Ruth ihm noch einige Tage erhalten bleibt. So schlägt er zwei Fliegen mit einer Klappe; das Haus ist bewohnt und so vor Dieben geschützt und er hat endlich sauber gebügelte Hemden und muss seine Mutter nicht mehr mit solchen Dingen belästigen.

Gustav ist die Fürsorge seiner Stieftochter peinlich und unangenehm. Er schämt sich dafür, dass er nur an Christin denkt und daran, sie unbedingt treffen zu wollen.

Ruth lässt die weitere Wahrheit erst einmal für einige Tage ruhen.

Sie hofft darauf, dass die verabreichten Medikamente Gustavs angegriffene Nerven beruhigen.

Sie unterhalten sich Tag für Tag nur über belanglose Dinge, dabei kommen sie sich als Tochter und Vater mehr und mehr näher.

Ruth ist ihrem Vater nie wirklich böse gewesen, die Schuld hat sie immer ihrer Mutter gegeben.

Gustav ist seit dem Zusammenbruch für weitere

Wochen arbeitsunfähig.

Seit zwei Wochen hält er sich mit Ruth in Walters Villa auf. Walter ist bisher von seiner Geschäftsreise noch nicht wieder zurückgekehrt.

Ruth spürt, dass heute der geeignete Tag ist, um ihrem Stiefvater die grausame Wahrheit zu sagen.

„Vater, du musst jetzt stark sein, sehr stark. Ich kann und will es dir nicht länger verheimlichen." Ruth bricht in Tränen aus, sie spürt, diese Bürde, die sie schon so lange mit sich herumgeschleppt hat, nun nicht mehr länger tragen kann.

Sie glaubt darunter zu zerbrechen.

„Das, was ich dir jetzt sage, wird dir dein Herz vollkommen aus deinem Körper reißen."

Ruth holt das abgenutzte Tagebuch aus ihrem Zimmer und hält es fest in ihrer Hand. Vorsichtig lenkt sie das Gespräch auf Christin.

Gustav sieht Ruth argwöhnisch an und fragt: „Was ist mit meinem kleinen Engel, kommt sie endlich? Hast du sie getroffen und ihr die Wahrheit über die Briefe gesagt, die ich geschrieben habe? Bitte Ruth, antworte mir."

Ruth legt ihre Hände ineinander und drückt ihre Fingernägel in das Fleisch der rechten Hand, bis sie den Schmerz spürt, der sie von ihren aufwallenden Gefühlen ablenken soll.

Ihr Brustkorb verengt sich und die Luft zum Atmen wird knapp.

Sie spürt, wie ihr der Schweiß auf der Stirn steht,

und sie hat unsagbare Angst vor dem, was kommen wird, wenn ihr Vater die Wahrheit über Christin erfährt.

Ihr Körper stabilisiert sich, sie muss die Energie tanken, die sie jetzt braucht, um ihrem Vater alles zu berichten.

Traurig sieht sie Gustav an und holt tief Luft. Mit einer zutiefst erschütternden Stimme spricht sie:

„Dad, Christin ist tot, sie kommt nicht mehr zu dir zurück." Eine lange Pause folgt, bevor Ruth weiterspricht.

„Christin ist am 28. Juli 1964 mit einer Überdosis Heroin in Berlin Neukölln tot aufgefunden worden.

Sie ist am 15. August in Neukölln beerdigt worden.

Deine Schwägerin Odette und ich haben Christin auf ihrem letzten Weg begleitet."

Kaum hat sie die grausamen Worte über ihre Lippen gebracht, bricht sie unter einem Weinkrampf, der sie augenblicklich übermannt, zusammen.

Schlagartig holen sie die schrecklichen Bilder wieder ein.

Gustav sagt immer noch kein Wort. Er sieht, wie Ruth sich zusammengesackt am Boden krümmt. Völlig abwesend versucht er sie hochzuziehen. Ungläubig sieht er sie an und sagt zornig: „Ruth, sag mir, dass das nicht wahr ist!"

Ruth schüttelt immer noch unter Tränen ihren Pagenkopf und antwortet: „Doch Dad, es ist wahr.

Es ist die furchtbare Wahrheit.

Hier ist Christins Tagebuch, wenn du in der Lage bist, es zu lesen, ohne dich umzubringen, gebe ich es dir.

Wenn du willst, schließe ich die Tür hinter dir ab, sodass du mit Christins Gedanken für dich alleine sein kannst.

Wenn du es nicht mehr erträgst, weil der Schmerz oder der Zorn aus dir herausspringen will, rufe mich und ich öffne dir die Tür.

Papa, ich habe so lange alleine mit dem Wissen leben müssen. Meine Seele ist genauso krank wie deine, denke immer daran. Ich fühle mich mitschuldig an Christins Tod und ich will, dass die Schuldigen bestraft werden.

Erst dann werde ich wieder Ruhe finden."

Verstört nimmt Gustav ihr das Tagebuch aus der Hand. Was er nicht weiß, ist, dass Ruth die letzte Seite des Tagebuches vorsichtig herausgetrennt hat. Sie will nicht, dass Gustav erfährt, dass sie Christin nicht mehr in die Wohnung gelassen hat und er ihr die Schuld an deren Tod gibt.

Wie Ruth ihr Ziel erreicht, ihre Mutter als Schuldige zu entlarven, ist ihr völlig egal. Hauptsache ihr Stiefvater zieht mit ihr an einem Strang und sie kommt ihrem Ziel Rache zu üben, näher.

Gustav nimmt seine Medikamente, die Ruth ihm noch reicht, und verschwindet anschließend stillschweigend im Zimmer. Ruth schließt hinter ihm die Tür ab.

Der unendliche Schmerz

Auch Ruth hat auf Empfehlung von Dr. Willich zwanzig Beruhigungstropfen eingenommen. Sie nimmt einen Stuhl und setzt sich vor Gustavs Tür. Inständig wünscht sie, dass Walter hier wäre. Er hat immer die richtigen Ratschläge für sie parat. Ruth fühlt sich allein gelassen mit ihren chaotischen Gefühlen, die hin und her schwanken zwischen Hass, Rache, Zorn, Vergeltung und tiefer Trauer.

Sie hört ihren Vater herzzerreißend weinen, dann wieder schimpfen und fluchen. Ab und zu schreit er nach Gudrun und wünscht ihr das größte Unheil auf Erden.

Gustav klopft nicht; die ganze Nacht verbringt er in diesem Zimmer. Ruth bewegt sich immer nur ganz kurz, wenn sie auf Toilette muss, von der Tür weg.

Erst am frühen Morgen wird es still – sehr still.

Ruth ist auf dem Stuhl vor Erschöpfung eingeschlafen. Sie erschrickt zu Tode, als es an der Tür hämmert.

Sie hört, wie ihr Vater brüllt: „Ruth, lass mich raus, ich habe das Tagebuch gelesen. Wir müssen miteinander reden, komm, schließ die Tür auf."

Noch benommen vom kurzen Schlaf bewegt sie sich vom Stuhl weg und öffnet die Tür.

Gustav stürmt an ihr vorbei, direkt auf die Toilette. Erst jetzt fällt ihr ein, dass im Zimmer keine Toilette ist.

Mit bleiernen Knochen begibt sich Ruth in die Küche und kocht für sich einen Kaffee und für ihren Vater Tee.

Das wird unsere müden Geister wecken, denkt sie bedrückt und wartet ab, wie Gustav reagieren wird.

Kaum hat sie den Gedanken zu Ende gedacht, kommt er auf sie zu und sieht sie bedrückt an. Er murmelt:

„Ich danke dir Ruth, dass du mir die Wahrheit, die sehr schmerzlich für mich war und ist, gesagt hast. Es tut mir so unendlich leid, dass du diese Bürde alleine tragen musstest.

Ich schwöre dir, ich werde die Verantwortlichen zur Rechenschaft ziehen. Vorher muss ich noch einiges erledigen, das bin ich Christin schuldig.

Das gesparte Geld werde ich dazu verwenden, um Christin hierher überführen zu lassen.

Mein Grab habe ich bereits gekauft und ich möchte, dass sie neben mir beerdigt wird. Hilfst du mir dabei?

Ich weiß, dass Gudrun mir niemals die Einwilligung geben wird, Christin hierher überführen zu lassen.

Sie hatte das alleinige Sorgerecht und somit habe ich auch heute noch kein Mitbestimmungsrecht."

Ruth ist überrascht über die Wendung, die ihr Vater vollzogen hat.

Er wirkt ruhig und abgeklärt. Ruth weiß nicht, was sie davon halten soll. Fragend sieht sie ihren Dad an.

„Keine Sorge, meine Kleine, ich weiß, was ich tue. Die ganze Nacht habe ich geweint und meinem Kummer freien Lauf gelassen. Ich habe keine Tränen mehr! Es mag sich komisch für dich anhören, aber ich bin erleichtert, erleichtert darüber, dass ich weiß, dass Christin den Kontakt zu mir gesucht hätte, wenn es ihr erlaubt worden wäre.

Die Wahrheit, liebe Ruth, ist grausam und hart, aber auch heilsam.

Ich verspreche dir, wir werden Christin zurück zu uns holen."

Ruth ist über die Worte ihres Vaters erschüttert und aufgewühlt. Ihre Seele schreit nach Gerechtigkeit.

Sie vertraut ihrem Vater und gemeinsam schmieden sie einen Plan, wie sie die Einwilligung zur Überführung von Christin nach Balingen bekommen können.

Ruth weiß, dass sie nicht noch einmal freiwillig bei ihrer Mutter eingelassen werden wird.

Sie erzählt ihrem Dad, dass Gudrun den Unterhalt weiterkassiert hat, obwohl Christin bereits über ein Jahr unterwegs gewesen ist. Fassungslos schüttelt er wieder und wieder seinen Kopf und kann nicht glauben, was für ein Miststück er seinerzeit geheiratet hat.

Gustav bleibt nichts anderes übrig, als einen Brief an Gudrun zu schreiben und ihr diesen per Gerichtsvollzieher zustellen zu lassen.

Brief an Gudrun

Nach einigen Tagen klingelt es Sturm. Gudrun erschrickt, als sie hört, dass der Gerichtsvollzieher Einlass begehrt. Mit mulmigem Gefühl im Magen öffnet sie und lässt ihn eintreten. Er grüßt, überreicht ihr den Brief und bittet um ihre Unterschrift für den Empfang. Erstaunt und gleichzeitig neugierig, wer ihr denn einen Gerichtsvollzieher ins Haus schickt, öffnet sie den Brief. Sie setzt sich auf ihren Sessel und fängt an zu lesen.

Gudrun, was Du mir, Ruth und meinem Kind Christin angetan hast, werde ich Dir nie, niemals verzeihen. Mir fallen für Dein schäbiges und mörderisches Verhalten keine Worte ein!
Du hast Deine Tochter Ruth mit dieser Bürde allein gelassen. Warum um Gottes willen?

Was haben wir Dir getan, dass Du so bösartig und brutal mit unseren Gefühlen umgehst? Auch habe ich in Erfahrung gebracht, dass Du mich um mein Geld geprellt hast.

Du besitzt die bodenlose Frechheit, immer noch den Unterhalt für Christin zu vereinnahmen, obwohl sie tot ist.

Die Zahlung habe ich gestoppt.

Genauso unverzeihlich ist es, dass Du mir Christins Tod vorenthalten hast.

Es ist unbegreiflich, dass Du mich daran gehindert hast, mich von meinem Kind in Würde zu verabschieden.

Du hast sie einfach mutterseelenallein verscharren lassen. Ich weiß, dass nur Ruth und Deine Schwester zugegen waren.

Wie sehr musst Du uns alle hassen!

Von einer Anzeige wegen Unterschlagung werde ich absehen, wenn Du beigefügtes Überführungsformular unterschreibst. Es ist mein ausdrücklicher Wunsch, Christin hier in Balingen beerdigen zu lassen. Dieses von Dir zu unterschreibende Formular wird morgen um die gleiche Zeit der Gerichtsvollzieher wieder bei Dir abholen.

Es ist alles von mir über das Amtsgericht Karlsruhe arrangiert. Sollte dieses Formular von Dir nicht unterzeichnet sein, werde ich Dich wegen Betruges anzeigen, und glaube mir, ich bringe Dich für einige Zeit in den Knast.

Gustav

Gudrun dreht den Brief wütend in ihren Händen hin und her. Völlig außer sich schreit sie in ihrer Wohnung wild gestikulierend um sich: „Diesem Miststück von Ruth habe ich es zu verdanken, dass ich Schwierigkeiten bekomme. Was geht die das überhaupt an?"

Wütend nimmt sie den Wisch, unterschreibt ihn und steckt ihn in den beigefügten Umschlag.

Anschließend geht sie schnurstracks ins Badezimmer an den Arzneischrank und holt ihre verschreibungspflichtigen Beruhigungstabletten. Ohne auf die Menge Dosierung zu achten, steckt sie sich einige in den Mund und spült mit einem Glas Wasser nach.

Wenige Minuten später beruhigt sich Gudrun und schlürft mit schwerfälligem Schritt in ihr Schlafzimmer. Sie kann ihre Augen nicht mehr aufhalten und schläft sofort ein.

Seit Christins Verschwinden lässt sie sich regelmäßig Benzodiazepine verschreiben.

Ständig wechselt sie die Praxis, weil es für sie immer schwerer wird, an diese Medikamente zu kommen.

Ein Freier besorgt ihr ab und an Rezepte, dafür verbringt sie mit ihm eine Nacht.

Gudrun kann, nachdem sie das erste Mal Geld von einem Freier für ihre Dienste bekam, nicht mehr davon lassen.

Regelmäßig verabredet sie sich zu solchen Treffen.

Heute lässt sie sich erneut darauf ein, um an die Tabletten zu kommen. Es fällt ihr mit jedem Tag schwerer, sich zu konzentrieren. Oft übermannen sie Angstzustände oder sie gerät in Stimmungsschwankungen.

Ohne das Teufelszeug kann sie nicht mehr existieren.

Jeder neue Tag wird für sie zur neuen Qual.

Soziale Kontakte hat sie schon lange abgebrochen. Ihren kleinen Haushalt bekommt sie nur noch mit äußerster Mühe in den Griff. Auch ihr äußeres Erscheinungsbild vernachlässigt sie immer mehr.

Nach einigen Stunden Schlaf steigt Gudrun wie gerädert aus ihrem Bett und fühlt sich wie ausgekotzt.

Gudrun schaut in den Spiegel und erschrickt vor sich selbst. Sie sieht sich böse an und murmelt ihrem Spiegelbild zu: „Sieh dich an, du Schlampe, zu nichts bist du mehr zu gebrauchen. Wovon willst du zukünftig leben?

Gustav hat dir jetzt auch noch den letzten Hahn abgedreht.

Was nun?" Mürrisch geht Gudrun ins Wohnzimmer und legt sich auf die Couch. Sie schläft bis zum nächsten Morgen. Gegen zehn Uhr klingelt es Sturm an ihrer Wohnungstür. Sie schiebt den verschlossenen Brief mit dem unterschriebenen Formular durch die Tür, die sie nur einen Spalt geöffnet hat.

Die Überführung

Zwischenzeitlich hat Gustav bei der Ordnungsbehörde alle Anträge nach § 17 Bestattungsgesetz zusammengetragen.

Ebenfalls hat er den schriftlichen Nachweis erhalten, dass eine Grabstätte vorhanden ist, um

Christin umbetten zu lassen. Ruth ist für einige Tage in seine Bruchbude, wie er es selbst bezeichnet, eingezogen. Eine Matratze zum Schlafen hat sie sich besorgt. Für Ruth ist es wichtig, die Tage bis zu Christins Überführung bei ihrem Vater zu sein, damit sie ihn unterstützen kann. Das Fahrrad, das Walter ihr vorübergehend ausgeliehen hat, benutzt sie, um in Balingen alle Besorgungen zu machen.

Gustav fühlt sich schlapp und müde, seine Krankheit schreitet mit großen Schritten voran. Er hat wahnsinnige Angst, dass er es nicht mehr schaffen wird, Christin umzubetten.

Ruth hat zwischenzeitlich beim Amtsgericht den Brief wieder abgeholt. Nervös nimmt sie ihn entgegen, nicht wissend, ob ihre Mutter die Genehmigung zur Überführung erteilt hat. Sie trampelt in die Pedale, als ob der Leibhaftige persönlich hinter ihr her ist.

Die Neugier bringt Ruth fast um, ihre Gedanken kurbeln genauso schnell wie die Zahnräder ihrer Fahrradkette.

Was passiert, wenn sie die Genehmigung nicht erteilt hat? Ruth schüttelt es bei diesem Gedanken; sie ist froh, als sie endlich in der schmuddeligen Gasse ankommt.

Sie nimmt drei der knarrenden Stufen auf einmal.

Sie kann ihre Neugierde fast nicht mehr bremsen.

Stürmisch tritt sie in das Zimmer und wedelt mit dem Brief.

Mit wackligen Beinen steht Gustav auf und öffnet das Amtsformular. Er atmet tief durch, sodass ihm schwindlig ist. Dann: Seine Augen leuchten kurz auf, als er laut sagt: „Ja, sie hat unterschrieben."

Befreiend umarmen sie sich und Ruth bemerkt erneut, dass ihr Vater nur noch aus Haut und Knochen besteht. Inbrünstig hofft sie, dass er zumindest so lange durchhält, bis Christin überführt worden ist.

Ruth schickt Tante Odette alle Unterlagen und bittet sie, diese an das Bestattungsinstitut zur Freigabe der Überführung weiterzuleiten.

Gustav kratzt alles Geld, das er noch hat, zusammen, den Rest leiht er sich von seinem Bruder.

Fred ist ebenso erschüttert, als er von Christins Tod erfährt. Er verspricht zur zweiten Bestattung anwesend zu sein. Er ist außerdem völlig außer sich, als er durch Ruth erfährt, wie schwerkrank Gustav wirklich ist.

Er kann seinen Bruder jedoch nicht überreden, zu ihm nach Heidelberg zu ziehen.

Odette fühlt mit ihrem Schwager Gustav und ist schockiert über das Handeln ihrer Schwester. Es ist ihr unbegreiflich, wie Gudrun so hartherzig sein kann. Sie verflucht sie und sie schämt sich für sie.

Gustav muss erneut ins Krankenhaus. Der Tod Christins hat ihn stark mitgenommen, auch wenn er es gegenüber Ruth nicht zugibt.

Gustav muss sich erneut einer Behandlung unterziehen.

Ruth zieht wieder in die Villa nach Durlach und freut sich, in andere Gesellschaft zu kommen. Zu deprimierend ist Gustavs Wohnung.

Walter erschrickt, als er Ruth sieht, und flüstert: „Oh Mann, du bist ja kaum noch zu sehen, so dürr bist du geworden.

Es wird Zeit, dass ich dich wieder aufpäpple, du bist zu schön, um jetzt schon alt zu werden."

Er lächelt Ruth an und fährt fort: „Komm, mach dich hübsch, wir zwei gehen heute Abend aus, wir gehen tanzen, damit du auf andere Gedanken kommst. Du hast immer gerne getanzt, weißt du noch?"

Ruth lächelt mit müden Augen, als sie ihm antwortet:

„Ach Walter, wenn ich dich nicht hätte, was würde ich nur tun? Kann ich das je wiedergutmachen?"

Walter wird verlegen und nimmt sie schnell in den Arm, um sie zu trösten.

Die Einzigen, die Ruth in den Arm nehmen dürfen, sind Walter und Gustav.

Der Abschied

Zwei Monate später, es ist Christins zweiter Todestag, wird sie endlich von Berlin nach Balingen überführt. Es findet eine kleine Trauerfeier statt, auch einige

Arbeitskollegen von Gustav sind erschienen. Ruth freut sich trotz der Trauer, ihren Lieblingsonkel Fred wiederzusehen.

Beide umarmen sich inständig und Fred kann seine Tränen genauso wenig zurückhalten wie Ruth.

Es wird eine stille, emotionsgeladene Trauerfeier.

Ruth und Gustav umklammern sich gegenseitig, um nicht ins Grab zu fallen.

Ruth sieht vor ihrem inneren Auge das geschriebene Tagebuch. Sie spürt, wie sehr Christin gelitten haben muss.

Inständig hofft sie, dass Christin endlich ihren Frieden finden wird.

Die letzten Worte sind von einem freien Prediger gesprochen worden.

Ruth erlebt zutiefst erschüttert die Beerdigung ihrer Schwester zum zweiten Mal. Es läuft genauso ab wie vor zwei Jahren, als Christin das erste Mal zu Grabe getragen worden ist. Der einzige Unterschied ist, dass ihr Stiefvater und ihr Lieblingsonkel zugegen sind.

Gustav hat Gudrun mitgeteilt, wann und wo Christin in Balingen beerdigt wird.

Ruth und Gustav haben inständig gehofft, dass Gudrun so viel Mumm in den Knochen hat, ihrer Tochter die letzte Ehre zu erweisen. Doch sie ward nirgendwo zu sehen.

Ruth besucht seit der Beerdigung ihren Vater fast jede

Woche. Zwischenzeitlich ist er Frührentner, arbeitet aber ab und an im Archiv, um sich abzulenken. Seine Wohnung gibt er nicht auf, er besteht darauf, unerkannt zu bleiben.

Walter hat auf Ruths Bitte hin einen befreundeten Privatdetektiv eingeschaltet, der ihre Mutter seit einigen Wochen beobachtet.

Ruth will Gudruns Gewohnheiten genau erforschen. Nach wie vor lodert in ihr der Gedanke an Rache und Vergeltung. Einen konkreten Plan, wie sie es anstellen will, hat sie nicht.

Alle Nachforschungen der Polizei, die Kneipe, die Christin beschrieben hat, ausfindig zu machen, sind gescheitert.

Jene Kerle scheinen wie vom Erdboden verschluckt, mitsamt dem rot getünchten Haus. Auch Gustav ist von diesem Ergebnis enttäuscht. Ein Kerl mit dem Namen Kralle oder Karlheinz wird nie gefunden. Die Leiche von Werner bleibt verschwunden.

Auge um Auge

Walter legt den Bericht des Privatdetektivs vor Ruth auf den Tisch. Er berichtet, dass der Detektiv nichts entdeckt hat, was Gudrun belasten würde.

Fein säuberlich sind alle Beobachtungen aufgeschrieben. Nur zweimal in der Woche verlässt

Gudrun ihre Wohnung. Jeden Montag gegen Mittag begibt sie sich zu Kaiser's, um Nahrungsmittel und was sie sonst noch so braucht, einzukaufen.

Sie wird von dem Detektiv namens Paul als teilweise verwirrt beschrieben.

Oft stehe sie vor dem Regal, schüttele ihren Kopf und gehe wieder unverrichteter Dinge in eine andere Richtung.

Des Öfteren suche sie auch ihren Haustürschlüssel, und wenn sie diesen in der Tasche nicht finde, klingele sie bei einem Nachbarn.

Außerdem verlasse sie jeden Samstagabend gegen Mitternacht total aufgetakelt ihre Wohnung.

Sie trage jeden Samstag die gleichen Schuhe, das gleiche rote Kleid, denselben roten Hut und die passende Handtasche dazu. Wenn es kühl ist, trage sie über dem Kleid eine Stola. Sie sei grell geschminkt, ein Taxi hole sie ab und bringe sie in den Morgenstunden, gegen sechs Uhr in der Frühe, zurück.

Ruth schüttelt über diesen Bericht ungläubig den Kopf. Sie fragt Walter, als ob er es wissen könnte: „Ist Gudrun eine Samstagsdirne?"

Ruth schämt sich für diesen Gedanken, aber anders kann sie es sich nicht vorstellen. Mehr zu sich selbst als zu Walter sagt sie: „Sie muss ja irgendwie ihren Unterhalt verdienen, von Vater bekommt sie keinen Pfennig mehr."

Kopfschüttelnd legt sie den Bericht zur Seite und

erklärt Walter, dass sie den Detektiv Paul nicht mehr benötigt. Sie weiß alles, was sie wissen muss!

Walter führt das entsprechende Telefonat und bedankt sich nochmals herzlich bei Paul für seine Mithilfe.

Er fragt Ruth: „Warum wolltest du das alles wissen? Mach ja keinen Blödsinn, mein Mädchen. Sie wird schon ihre gerechte Strafe bekommen.

Dein Vater braucht dich jetzt auf seine letzten Tage. Hast du ihn mal beobachtet? Er baut total ab, obwohl er es nicht zugeben will.

Jeden Tag verbringt er Stunden am Grab und redet mit Christin.

Es reißt mir das Herz aus dem Leib, wenn ich das sehe. Willst du ihn nicht wieder einmal für ein paar Tage hierherholen?"

Ruth schüttelt ihren Kopf und antwortet resigniert: „So oft habe ich ihm angeboten, für einige Tage hierherzukommen, aber er weigert sich und behauptet, er müsse auf etwas ganz Bestimmtes warten. Wenn das eingetroffen sei, werde er sich melden und dann gerne einige Tage bei uns verbringen.

Gustav hat auch dich sehr ins Herz geschlossen und er kann nicht nachvollziehen, warum wir kein Paar sind."

Bei diesen Worten muss Ruth schmunzeln. Sie stellt sich gerade Gustavs Gesicht vor, wenn sie ihm erklärt, dass Walter vom anderen Ufer ist.

Einige Tage später, als Ruth ihren Vater im Archiv besucht, ruft er ihr fröhlich entgegen: „Ruth, meine Ware ist eingetroffen, jetzt kann ich einige Tage mitkommen und dir ein wenig Gesellschaft leisten, damit wir beide auf andere Gedanken kommen."

Ruth wundert sich über die Euphorie ihres Vaters, sagt aber nichts dazu.

Von den Ärzten weiß sie, dass die Medikamente, die er nehmen muss, extreme Gefühlsschwankungen hervorrufen können.

So erklärt sich Ruth diese momentan gute Stimmung ihres Vaters.

Sie gehen, wie jedes Mal, wenn Ruth zu Besuch ist, zum Friedhof.

Ruth fällt es immer schwerer, zum Grab ihrer Schwester zu gehen.

Ruth wird immer noch von ihrem Verantwortungsbewusstsein geplagt, die Verantwortlichen an Christins Tod zur Rechenschaft zu ziehen.

Während sie ihren Vater nach Hause begleitet, verabreden sie sich für das kommende Wochenende.

Ruth sagt: „Walter wird dich abholen und ich koche uns in der Zwischenzeit etwas Leckeres."

Ruth weiß, dass ihr Vater nicht alles essen darf, daher bereitet sie für ihn eine besondere Kost zu.

Freitag, am späten Nachmittag kommt Walter mit Gustav im Schlepptau in die Villa. Walter hat noch einiges zu erledigen, sodass Ruth ungestört mit ihrem

Vater einen gemeinsamen Abend verbringen kann. An diesem Abend erzählt Ruth ihrem Vater, dass Gudrun jeden Samstagabend in aufreizender Kleidung mit einem Taxi die Wohnung verlässt.

Spontan blitzt vor seinem inneren Auge wieder jene Szene, als er sie in flagranti erwischt hat, auf. Laut stöhnt er und wischt mit seinem Handrücken hastig die Bilder symbolisch weg.

Leise erzählt er Ruth, was er damals gefühlt hat, als er Gudrun mit dem Fremden erwischte, und wie sehr er sie deshalb verachtet hat. Weiter erzählt er ihr, dass Gudrun seine große Liebe gewesen ist. Nie, niemals hat er damit gerechnet, dass sie sich so zum Nachteil verändern würde. Er kann und wird ihr zu keiner Zeit verzeihen, dass sie Christin und auch Ruth aus dem Haus getrieben hat.

Er bereut zutiefst, diese Frau gekannt zu haben. Es entsteht eine kurze Pause.

Ruth holt den frisch aufgebrühten Tee.

Leise spricht er weiter: „Am liebsten würde ich zu ihr gehen und ihr all meinen Kummer und mein Leid verbal ins Gesicht schleudern."

Ruth antwortet bitter: „Dad, lass es, du wirst nur enttäuscht sein. Sie wird dir nicht zuhören, ich glaube, sie lebt mittlerweile auf einem anderen Stern."

Sie geht in ihr Zimmer und kommt mit dem Bericht des Detektivs zurück.

„Hier, lies selbst." Ruth ist müde und mag heute nicht mehr über das Vergangene reden, es wühlt sie zu sehr auf. An manchen Tagen kommt sie sich vor wie eine alte schrullige Frau.

Sie hat keine Kraft mehr für diese düstere Atmosphäre, die im Moment ihre ganze Lebensweise dominiert.

Mehr als zwei Jahre sind mittlerweile seit Christins Tod vergangen und sie ist immer noch nicht zur Ruhe gekommen.

Sie muss zusehen, wie ihr Stiefvater langsam stirbt.

Die Ärzte geben ihm nur noch wenige Tage.

Er lebt nur noch mit starken Schmerzmitteln und Morphium.

Ruth weiß, dass sie ihr eigenes Leben wieder in den Griff bekommen muss. Sie weiß nur noch nicht, wie es weitergehen soll. Tante Odette bietet ihr erneut ihre Hilfe an.

Odette will wiedergutmachen, was ihre Schwester der Familie angetan hat.

Ruth erzählt ihrem Vater, dass sie noch einen Wohnungsschlüssel von Mutter in der Tasche hat.

Gustav wird hellhörig und murmelt: „Einen Schlüssel?

Das ist es, du bist ein Schatz, Ruth!

Kannst du ihn mir geben?"

Verwundert sieht Ruth ihn an, überlegt kurz und antwortet: „Ich brauche ihn nicht mehr, wenn es dich glücklich macht, kannst du ihn haben."

Gustav nimmt Ruth in den Arm und flüstert:

„Verzeih mir, Ruth, verzeih mir, was ich alles bei dir falsch gemacht habe. Ich liebe dich wie mein eigenes Kind. Ach, was erzähle ich da, du *bist* mein eigenes Kind."

Ruth ist perplex über diese emotionsgeladene Ansprache ihres Stiefvaters.

Stillschweigend geht sie in ihr Zimmer, holt den Wohnungsschlüssel aus ihrer Tasche und übergibt ihn Gustav.

Der nächtliche Besuch

Gustav dreht gedankenverloren den Schlüssel von Gudruns Wohnung in der Hand. Es ist Samstagabend und Gustav schaut auf seine Uhr.

Gemächlich zieht er seine Jacke über und verlässt leise die Villa.

Er fröstelt trotz der noch warmen Sommertemperaturen. In Gedanken versunken begibt er sich vor das Haus seiner alten Wohnung.

Er wartet, bis ein Bewohner das Haus verlässt, und geht ins Treppenhaus.

Er steigt die drei Etagen nach oben. Böse Erinnerungen überwältigen ihn.

Er bleibt stehen, er muss sich erst wieder beruhigen. Sein Herz schlägt unruhig und laut.

Mit Mühe schafft er es in die dritte Etage.

Völlig erschöpft betritt er leise die Wohnung.

Gudrun ist wie erwartet noch nicht zurückgekommen.

Gustav sieht sich um und auch er stellt fest, dass sich einiges in dieser Wohnung, die einst auch seine gewesen ist, verändert hat.

Er geht in die Küche und holt ein Glas Wasser.

Er nimmt seine Tropfen und löst sie im Glas auf.

Er schaltet das Licht wieder aus, sieht auf die Uhr und nickt zufrieden.

Gustav schläft kurz ein und erschrickt, als er die Schlüssel in der Wohnungstür klappern hört.

Gustav öffnet seine Tasche und wartet; er wartet darauf, dass Gudrun das Licht einschaltet und die Wohnküche betritt.

Es ist die Stunde null!

Das Licht geht an und Gustav sagt im ruhigen Ton:

„Guten Morgen, Gudrun, schön, dich noch einmal zu sehen. Zu beobachten, wie sich jetzt in diesem Augenblick deine Gesichtszüge verändern.

Ich möchte dich mitnehmen, mitnehmen auf eine Reise ins Nichts!

Bist du bereit? Ich bin es!

Ich wünsche dir einen heißen Ritt, einen heißen Ritt auf dem Weg in die Hölle."

Zwei ohrenbetäubende Schüsse schallen durch das Treppenhaus.

Lichter gehen an und neugierige Menschen umschwirren das Gebäude.

Polizeisirenen stören in den frühen Morgenstunden die friedliche Ruhe.

Ein grausames Bild bietet sich den Polizisten, die in die Wohnung eingedrungen sind.

Ruth wacht von dem ohrenbetäubenden Lärm der Sirenen auf.

Sie steht am Fenster und sieht das Blaulicht zwei Straßen weiter in der Dunkelheit flackern.

Sie geht in das Zimmer ihres Vaters.

Das Bett ist unberührt.

Mit ihrem Fahrrad trampelt sie, was das Zeug hält, in Richtung der Blaulichter.

Sie erkennt, dass der Polizeiwagen mit Blaulicht in der Luisenstraße steht.

Ohne darüber nachzudenken, hält sie vor dem Haus ihrer Mutter an und lässt das Fahrrad achtlos, seitlich der Hauseingangstür, fallen.

Sanitäter, Polizei und Feuerwehr verlassen bereits das Gebäude. Kopflos geht sie auf einen der Polizisten zu, der gerade in seinen Dienstwagen einsteigen will.

Sie hält ihn am Ärmel fest und fragt nach der Ursache des Polizeieinsatzes.

In diesen Augenblick verlassen vier Männer mit zwei Zinksärgen das Treppenhaus. Schlagartig erfasst Ruth die Situation.

Für Ruth wiederholt sich das Prozedere von vor zwei Jahren. Der Staatsanwalt ermittelt wegen Mordes, sie selbst muss die Leichen ihrer Eltern identifizieren, ein

Bestattungsinstitut beauftragen und die Auflösung der Wohnung veranlassen.

Walter und sein Freund Rainer unterstützen Ruth, wo es nur möglich ist.

Ruth ist mittellos und muss für die Beerdigung ihrer Mutter nicht aufkommen. Ihr ist es völlig egal, wo und wie sie verscharrt wird.

Gustav wird nach Balingen überführt und neben seiner Tochter Christin beerdigt.

Es findet eine kleine Trauerfeier statt. Ruth ist froh, dass ihr Onkel Fred die Grabrede hält.

Ruth hält Christins Tagebuch fest in ihrer Hand. Sie tritt an die Grabstätte ihres Stiefvaters, beugt sich zum Grab und legt vorsichtig das Tagebuch hinein.

Dann flüstert sie: „Christin wird jetzt, so wie du, ihren Frieden finden."

Nach der Trauerfeier blickt sie ein letztes Mal auf den Grabstein ihrer Schwester Christin.

Die Inschrift dieses Grabsteines treibt ihr Tränen in die Augen.

Du wurdest geboren und warst schon verloren.
Zu kurz war dein Leben, was wir dir gegeben.
Du bleibst unser Engel, wirst es für ewig sein,
auch wenn du jetzt fortgehst und lässt uns allein.

Stillschweigend, mit einem traurigen Lächeln auf den Lippen, steigt Ruth zu Walter in den Wagen.

1950 in Görlitz geboren, habe ich so manche Klippen des Lebens umschifft. Mit tollen Kindern, einigen Enkeln und reichlich Lebenserfahrung habe ich mich ständig aufrichtig weiterbewegt. Jetzt ist es Zeit meinen Traum des Schreibens zu leben.

Margarete van Marvik

Mein Bücher:

Wie ein Blatt im Wind ISBN 978-3-86870-799-1

Sanft und anders ISBN 978-3-86870-818-9

Luisas Abenteuer ISBN 978-3-86870-883-7

Albtraum ISBS 978-3-86870-870-7

Alle Bücher erschienen über den Rediroma-Verlag

www.van-marvik.de

Abriss „Albtraum"

Was der jungen Protagonistin Franziska Schwarz von Kindesbeinen an widerfährt, ist an Brutalität kaum zu überbieten, grenzt an blanken Wahnsinn: Von der eigenen psychisch labilen und alkoholkranken Mutter verstoßen, misshandelt und verleugnet, durchlebt Franziska einen Albtraum nach dem anderen, nur dass diese Albträume drastische Realität sind, und immer wenn der Leser denkt: Jetzt ist der Tiefpunkt erreicht, schlimmer kann es nicht mehr kommen!, dann passiert genau das: Es kommt noch schlimmer! Nachdem Franziska aus dem Kinderheim geflohen ist, aus Angst, erneut ihrer grausamen Mutter ausgeliefert zu sein, lernt sie das Leben auf der Straße in allen seinen Facetten kennen, wird beim Diebstahl erwischt und wandert in den Jugendknast. Nach ihrer erfolgreichen Flucht führt sie eine schicksalhafte Begegnung mit der Witwe Martha Groß zusammen, für Franziska eine Art Mutterfigur, die sie nie gehabt hat und die ihr eine Zukunftsperspektive verspricht. Der Schock sitzt tief, als herauskommt, dass ausgerechnet Marthas Sohn Horst der gesuchte Totschläger eines barbarischen Mordes ist, den Franziska als Einzige bezeugen kann – der Preis ist hoch und wird ihr Leben für immer verändern: In einem Anflug von Rache und Hass vergewaltigt Horst die ahnungslose Franziska. Franziska fühlt sich von Martha verraten, von Horst beschmutzt, gedemütigt, „wie ausgekotzt". Sie findet

Zuflucht im Johannesstift, einer katholischen Einrichtung, wo sie die Nonne Schwester Gertrud kennenlernt, die im Laufe der Zeit zu ihrer wichtigsten „Verbündeten" wird, Franziska wie eine Freundin und Schwester begleitet. Franziskas physischer und psychischer Zustand ist mehr als kritisch, da kommt der nächste Schlag: Franziska ist schwanger – von ihrem Vergewaltiger! Es ist das erste Mal, dass sie die Ablehnung ihrer eigenen Mutter ihrem eigenen Kind gegenüber nicht nur versteht, sondern nun auch selbst durchlebt – intensiv und mit aller Härte! Dies ändert sich auch nicht, als der kleine Jakob das Licht der Welt erblickt – bedeutet dies etwa, dass sich

Franziskas Lebensgeschichte nun immer und immer wieder fortsetzen wird? Der Abstieg einer geschundenen Seele, den Margarete van Marvik hier aufzeichnet, ist außerordentlich bewegend, aufrüttelnd und aufwühlend, und es gibt wohl kaum einen Leser, den diese unglaublichen Horrorszenarien kalt lassen werden, die mit einer derart schonungslosen Offenheit und Authentizität dargestellt werden, die ihresgleichen suchen.

Alexandra Eryiğit-Klos

Korrektur, Lektorat, Redaktion

Texterin, Rezensentin

Dipl.-Sprachenlehrerin

www.fast-it.net

Margarete van Marvik

Albtraum

45821654R00155

Printed in Poland
by Amazon Fulfillment
Poland Sp. z o.o., Wrocław